农业保险与农业现代化耦合协调发展研究

刘从敏　著

中国财经出版传媒集团
中国财政经济出版社
·北京·

图书在版编目（CIP）数据

农业保险与农业现代化耦合协调发展研究 / 刘从敏著. -- 北京：中国财政经济出版社，2025. 8. -- ISBN 978 - 7 - 5223 - 4203 - 0

Ⅰ. F842. 66；F320. 1

中国国家版本馆 CIP 数据核字第 2025GY7419 号

责任编辑：周桂元　　　　责任校对：徐艳丽
责任印制：张　健

农业保险与农业现代化耦合协调发展研究
NONGYE BAOXIAN YU NONGYE XIANDAIHUA
OUHE XIETIAO FAZHAN YANJIU

中国财政经济出版社 出版

URL：http：//www. cfeph. cn
E - mail：cfeph@ cfeph. cn

社址：北京市海淀区阜成路甲 28 号　邮政编码：100142
营销中心电话：010 - 88191522
天猫网店：中国财政经济出版社旗舰店
网址：https：//zgczjjcbs. tmall. com
涿州汇美亿浓印刷有限公司印刷　各地新华书店经销
成品尺寸：170mm × 240mm　16 开　15. 25 印张　219 000 字
2025 年 8 月第 1 版　2025 年 8 月河北第 1 次印刷
定价：68. 00 元
ISBN 978 - 7 - 5223 - 4203 - 0
（图书出现印装问题，本社负责调换，电话：010 - 88190548）
本社图书质量投诉电话：010 - 88190744
打击盗版举报热线：010 - 88191661　QQ：2242791300

前　　言

农业作为国民经济的基础性产业，是保障粮食安全、推动乡村振兴的核心支撑。在全球气候变化加剧、农产品市场波动频繁、资源环境约束趋紧的背景下，中国农业面临着自然灾害频发、生产成本攀升、经营风险加剧等严峻挑战。加快农业现代化进程，成为突破资源环境瓶颈、提升农业质量效益和竞争力的必然选择。党的二十大明确提出“加快建设农业强国”，2024年中央一号文件进一步强调“健全农业支持保护制度”，凸显了农业现代化在国家战略中的优先地位。然而，农业现代化进程中面临的自然风险、市场风险与制度创新需求，迫切需要建立与之匹配的风险保障体系。

农业保险作为世界贸易组织（WTO）认可的重要农业支持政策，具有分散生产风险、稳定农户收入、优化资源配置的核心功能。2024年我国农业保险保费规模达1521亿元，为1.47亿户次农户提供超5万亿元风险保障，在保障粮食安全、助力特色产业发展等方面发挥了关键作用。然而，当前农业保险发展存在保障水平滞后于现代化需求、区域发展失衡、产品创新不足等问题，难以充分满足新型经营主体对收入保障、价格风险管理的多元化需求。与此同时，在农业现代化进程中催生的规模化经营、数字化转型和产业链延伸，对农业保险的服务模式、技术应用和制度设计提出了更高要求。在此背景下，农业保险与农业现代化的协同发展问题逐渐成为学术界与政策实践的核心议题。二者的耦合协调不仅是应对农业系统性风险的内在需求，更是实现农业高质量发展、保障国家粮食安全的必然选择。本书以“农业保险与农业现代化耦合协调发展”为主题，旨在系统揭示二者互动机理，测度协调发展水平，探索实现路径与保障机制，为构建新型农业支持保护体系提供理论支撑与实践参考。

本书主要内容如下：

系统梳理农业保险与农业现代化的发展脉络及现实状况。一方面，追溯农业保险起源，将其发展历程科学划分为四个重要阶段，即恢复与试点阶段、政策性农业保险起步阶段、法治化与快速发展阶段以及创新发展与全面升级阶段，从发展规模、保障水平、保险结构和可持续性四个维度，全面剖析了当前农业保险的发展现状。另一方面，从起源视角分析了农业现代化的驱动因素，包括科学技术突破、机械化与工业化联动、制度创新及社会化进程，并对比了不同国家的路径分化特征，强调中国早期探索与全球经验的融合，将中国农业现代化分为起步、快速发展、深化提升三个阶段，从投入、产出、社会发展和生态可持续性等维度，剖析农业现代化发展现状。

深入探讨农业保险与农业现代化耦合协调发展的机理。一是界定耦合协调发展的核心内涵，强调二者通过资源互补与功能协同形成良性互动关系，并归纳其现代化耦合协调发展的核心特征；二是从内在逻辑出发，剖析二者耦合的动因，并揭示其相互作用机理；三是构建理论模型阐明二者耦合协调的系统性框架。研究表明，农业保险与农业现代化存在显著的协同共生关系，需要通过政策引导与市场机制促进二者深度融合，从而本书研究为农业高质量发展提供了理论依据与实践路径。

农业保险与农业现代化耦合协调发展的实证分析。首先科学构建两大系统评价指标体系，通过熵权法等赋权方法测算2011—2022年省域农业保险发展水平与农业现代化指数，运用核密度估计对两系统发展水平的时空分布特征进行多维刻画，揭示区域发展差距与演进趋势。继而基于面板数据，采用耦合协调度模型测算二者协调发展水平，揭示省域间空间集聚效应与差异格局。最后引入核密度估计技术解析耦合协调度的动态演进轨迹，借助标准差椭圆模型刻画空间分布的方向性与集聚特征，系统呈现我国农业保险与农业现代化耦合协调发展的时空演变规律，成为识别影响因素作用路径的重要切入点。

农业保险与农业现代化耦合协调的影响因素分析。从政治、经济、人口、技术和自然五个因素考虑，选取政府财政支持、传统金融发展水平、数字技术水平、农村人口受教育程度和自然灾害发生情况这五个变量。采用空间面板数据模型，系统探究我国农业保险与农业现代化两系统协同演进的核心驱动机制。在此基础上，运用时空地理加权回归方法，重点考察各影响因素在空间维度上的非均衡分布特征，从而揭示耦合协调发展过程中各要素的局部空间效应规律。

农业保险与农业现代化耦合协调发展的实现路径分析。使用演化博弈法分析农业保险和农业现代化耦合协调发展参与主体的行为，并构建三方演化博弈模型，通过设定策略空间、收益矩阵及复制动态方程，提出三维度实现路径：一是构建“财政支农＋风险共担”的政府引导机制，通过差异化补贴激励保险机构创新和农户参保；二是拓展“市场驱动＋城镇化”的产业协同路径，依托新型经营主体培育与产业链延伸，激活市场化风险保障需求；三是建立“制度化＋数据驱动”的长效治理体系，通过政策法规完善与数字技术赋能，降低主体间信息不对称，提升协同效率。

农业保险与农业现代化耦合协调发展的保障机制分析。在理论探讨与实证分析的基础上，提出促进我国和各省份的农业保险与农业现代化耦合协调发展的保障机制，最终形成“政策引导—创新驱动—技术赋能—风险共担—区域均衡”的立体化保障体系，为农业保险与农业现代化高质量耦合发展提供系统性保障。

本书的主要创新点体现在以下两个方面：一是在研究内容上，尽管已有学者对农业保险与农业现代化的耦合协调性进行了探讨，但主要集中于理论层面的机制分析。本研究则从理论与实证两个维度对两者耦合协调机制进行深入探讨，并在此基础上，进一步分析了我国农业保险与农业现代化耦合协调度的空间差异及其影响因素，从而丰富了相关领域的研究内容。二是在研究方法上，基于时空双重维度，采用空间计量经济学方法构建面板数据模型，系统考察农业保险与农业现代化协同发展的宏观驱动机制，进一步运用时空地理加权回归技术，深入剖析区域异质性特征，为精准制定差异化策略提供了方法论创新，显著提升了研究结论对实践的指导价值。

目录

第 1 章

绪　　论

1.1 研究背景与意义

1.1.1 研究背景

农为邦本，本固邦宁。农业不仅是国民经济的基础产业，更是维系国家粮食安全、社会稳定和农民生计的核心支柱。在我国，农业直接支撑着近两亿人口的就业，是农村经济繁荣的关键驱动力，也是实现农民增产增收、促进农村社会和谐稳定的重要保障。自 1978 年实施改革开放政策以来，我国农业农村发展取得了举世瞩目的成就，农业生产力大幅提升，农村面貌焕然一新，农业经济实现了历史性跨越。相关数据显示，农林牧渔业总产值从 1978 年的 1397 亿元增长至 2023 年的 158507 亿元，增幅高达 113.5 倍，年均增长率保持在 11%左右，充分体现了农业产业结构的优化升级和农村经济的强劲增长。与此同时，农村居民人均可支配收入从 134 元跃升至 21691 元，增长幅度达 160.9 倍，年均增长率为 11.9%[①]。农民生活水平得到显著改善，农村消费能力持续增强，为国民经济的内循环提供了重要支撑。乡村兴则国家兴，乡村衰则国家衰。乡村作为我国未来发展最深厚的基础，蕴藏着巨大的发展潜力，但同时也面临着诸多挑战。在全面建设社会主义现代化国家的进程中，农村仍然是发展最不平衡、最不充分的地区。当前，我国农业发展正处于百年未有之大变局的关键时期，外部环境日益复杂，内部要素深刻变革，农业现代化面临更高要求与更大难度。地理条件的限制使现代化农业设备的规模化应用受到制约，农业机械化水平提升缓慢；农民可持续发展意识不足，化肥农药过度使用现象普遍，导致农业生态环境压力加大，农业现代化的可持续性

① 1978 年农林牧渔业总产值、农村居民人均可支配收入数据引自《中国统计年鉴 1985》（国家统计局编）；2023 年数据来源于国家统计局官网（https：//www. stats. gov. cn/）。

发展水平亟待提高。

我国农业现代化进程并非一蹴而就，而是面临着多重挑战。首先，自然灾害频发对农业生产构成严重威胁。近年来，极端天气事件增多，洪涝、干旱、台风等灾害频发，导致农业生产波动性加剧，农民收入稳定性受到冲击。由于农业生产方式的分散性，以及农村家庭抗灾能力的脆弱性，农业在面对自然灾害时显得尤为脆弱，亟须建立更加完善的风险防范体系。其次，国际与国内市场的波动性对农业构成双重压力。农产品价格受国际市场供需变化、贸易政策调整等因素影响，波动频繁，农民收入的不确定性进一步加剧。这种自然风险与市场风险的双重叠加，使得农业的稳定发展面临严峻考验，迫切需要构建更加全面的风险保障机制，以增强农业的抗风险能力，促进农村的可持续发展。面对这些挑战，国家政策层面已作出积极回应。2022 年中央一号文件首次以独立章节形式强调“加强乡村发展金融支持”，明确提出“加快发展农业保险及再保险业务”，将农业保险提升至国家战略高度。这一政策导向充分体现了农业保险在推动农业农村现代化建设中的关键作用。2020 年中国发展高层论坛进一步指出，完善农村金融服务体系是突破乡村振兴战略实施过程中面临的三大关键制约因素之一。国家对农业保险的发展给予了高度重视，通过政策引导、财政补贴、监管优化等一系列措施，推动农业保险健康有序发展，为农业现代化保驾护航。

近年来，我国农业保险发展迅猛，覆盖范围不断扩大，保障能力持续增强。2024 年，农业保险保费规模已达 1521 亿元，年均增长率保持在 6% 左右，为超过 1.47 亿户次农户提供了总计超过 5 万亿元的风险保障，赔付率也创下历史新高。这一系列数据表明，农业保险在稳定农业生产、保障农民收入方面发挥了重要作用。然而，随着农业现代化进程的加速推进，农业保险也面临着新的机遇与挑战。一方面，农业规模化、集约化、智能化的发展趋势为农业保险提供了更广阔的市场空间；另一方面，农业保险在财政支持、服务能力、科技创新等方面仍存在明显“短板”，与农业现代化高质量发展的要求相比仍有较大差距。政策支持是农业保险发展的重要推动力。中央一号文件等政府指导文件多次对农业保险提出明确要求，强调要优化农业保险产品体系，扩大保险覆盖范围，提高保障水平。同时，国家不断完善农业保险法律法规和监管措施，规范保险市场行为，保障农户合法权益。财政补贴政策的持续优化，也为农业保险的普及和深化提供了有力支撑。然而，当前农业保险体系与农业现代化进程的协同性仍有待提升。如果农业保险未能有效适应农业现代化的发展需求，不仅会影响保险自身的可持续发展，还可能制约农业现代化的整体进程。因此，探索农业保险与农业现代化协同发展的路径，提升农业保险的服务能力和保障水平，具有重要的现实意义和战略价值。

农业保险与农业现代化的协同发展是推动我国农业高质量发展的重要途径。农业保险作为风险管理工具，能够有效降低农业生产的自然风险和市场风险，为农业现代化提供稳定的发展环境。同时，农业现代化的推进也为农业保险的创新升级创造了条件。例如，智慧农业、精准农业等新技术的应用，为农业保险的精准定损、快速理赔提供了技术支持；农业规模化经营的发展，则有助于降低保险运营成本，提高保险覆盖效率。因此，农业保险与农业现代化并非各自孤立发展，而是相互促进、相辅相成的关系。未来，我国应进一步强化农业保险的政策支持，优化财政补贴机制，推动保险产品创新，提高保险服务的精准性和便捷性。同时，应加强农业保险与农业科技的融合，利用大数据、遥感监测、区块链等技术手段，提升保险的智能化水平。此外，还需要完善农业保险的市场化运作机制，鼓励保险机构开发更多符合现代农业需求的保险产品，满足不同经营主体的风险保障需求。只有实现农业保险与农业现代化的深度协同，才能为农业高质量发展提供坚实保障，推动乡村振兴战略的顺利实施，最终实现农业强、农村美、农民富的宏伟目标。

1.1.2 研究意义

本书在理论价值和实际应用两个维度上，对农业保险与现代农业协同发展关系进行了系统性探索，其研究意义主要体现在以下几个方面。

（1）理论意义

本书通过系统梳理国内外相关文献，发现现有研究存在三个方面的理论缺欠：其一，多数研究聚焦于农业保险对农业现代化的单向影响机制，缺乏对二者双向互动关系的深入探讨；其二，虽有少量文献开始关注二者的相互作用，但普遍缺乏严谨的实证检验，特别是缺少基于大样本数据的计量分析；其三，现有研究尚未充分揭示影响两者耦合协调发展的关键因素及其作用路径。针对这些理论不足，本研究在以下三个层面作出了重要突破：首先，创新性地构建了农业保险与农业现代化发展水平的综合评价指标体系，在此基础上运用耦合协调度模型，从理论分析和实证研究两个维度深入解析了二者之间的协同发展机制，为农业风险管理与现代农业发展的互动关系提供了坚实的实证依据。其次，本书采用空间计量经济学方法，首次从时间和空间双重维度系统刻画了两者耦合协调度的动态演变规律和区域异质性特征，这一研究不仅拓展了区域协调发展理论的应用范畴，而且为制定差异化的区域发展政策提供了理论支撑。最后，通过构建面板数据模型，科学识别了影响两系统耦合协调度的关键因素及其作用机制，这一理论创新不仅完善了农业保险与农业现代化协同发展的理论框架，而且增强了理论对实践的解释力和指导性。这些理论突破共同构成了本书的重要学术贡献，为后续相关研究提供了新的理论视角和方法论参考。

（2）实践意义

本书的实践价值主要体现在四个关键领域：第一，在政策制定层面，研究构建了“国家战略统筹—区域资源整合—省际差异化发展”三维分析框架，通过农业保险覆盖率、农业现代化指数等量化指标，精准识别不同地区农业保险与农业现代化协同发展的阶段性特征和空间分异规律。例如，针对农业保险覆盖率低于全国平均水平的区域，建议优先加大财政资金投入，优化金融资源配置，形成梯度推进、重点突破的发展格局，为制定精准化的农村金融支持政策提供科学依据；第二，在制度创新方面，本书深入剖析了制度设计、市场培育和技术应用三大驱动要素的协同机制，明确了农业保险产品创新与现代农业风险治理需求的有效对接路径，这些发现能够指导政府部门设计更具针对性的财政补贴政策，完善多层次的风险分散机制，构建更稳定的利益联结模式；第三，在区域协调发展领域，研究提出的跨区域协同发展策略，有助于打破行政壁垒，促进保险服务网络和现代农业技术的跨区域共享，推动形成优势互补、合作共赢的农业产业发展新格局。第四，研究成果为完善农业支持保护政策体系提供了重要参考。通过优化财政资金的杠杆效应和保险工具的普惠功能，可以引导更多金融资源精准投向新型农业经营主体，构建覆盖农业生产全链条的风险管理体系，最终实现提升农业综合生产能力、保障农民收入稳定增长和促进城乡融合发展的战略目标，对推动我国农业农村现代化进程具有重要的现实指导意义。

1.2 国内外研究现状

1.2.1 国外研究现状

（1）关于农业保险的研究

国外学者很早就展开了农业保险的相关研究，研究内容主要集中在农业保险的作用和探究农业保险发展的影响因素。

关于农业保险作用。国际学者们指出，相较于传统成本保险，收入保险在保障福利方面展现出更为显著的优越性（Glauber J、Helmberger Miranda M，1989；Miranda M J、Glauber J W，1997；Harwoodetal，1999；Joseph等，2002；Thiagu Rangannathan和Usha Ananthakumar，2017）。伴随着农业保险行业的发展，收入保险的开发与推广已成为提升保障层级和风险管理效能的关键途径（Wonho Chung，2014）。Akinrinola等（2014）选取尼日利亚为案例，通过问卷调查收集承保农户的微观数据，对两种保险类型的影响进行实证分析，研究发现，农业保险不仅能够发挥传统的风险分散功能，还对农业生产效率、农户信贷可得性等方面产生积极影响。Weber J. G 等（2016）从土地利用角度揭示了农业保险差异化的影响，研究发现作物保险在促进非耕地转为耕地方面的作用有限，而在影响作物选择方面则更为显著，这些作物组合的变动对农业污染的影响微乎其微，这种差异化的影响效果为理解农业保险与农业可持续发展的复杂关系提供了重要启示。Müller 等（2017）进一步拓展了相关研究视角，认为农业保险虽然能够缓解灾害风险，保障农民收入，但其对生态环境可能产生不容忽视的负面影响，因此建议将农业保险与环境科学、地理学以及人文科学等领域相结合，共同探索一种符合生态可持续发展目标的农业保险模式。

关于农业保险发展的影响因素。国外学者主要基于供给端与需求端两个视角对农业保险发展的影响因素进行研究。一方面，针对供给因素的研究，学者们普遍以经营成本作为分析起点。Skees（2008）、A. Leblois 等（2013）的研究指出，采纳天气指数保险策略有助于保险公司降低核保与理赔环节的运营费用，从而对公司的规模化发展和服务能力的增强产生正面效应。Glauber（2004）利用 1995—2001 年美国农业保险公司的运营数据，探讨了保险费率对保险公司业务运营的影响。其研究结论表明，保险费率须与预期损失率相符，方能实现保费收入对成本损失的覆盖；若保险费率设定低于预期损失率，则可能削弱保险公司对农业保险产品及服务的供给意愿。另一方面，针对需求因素的研究，学者们从多维角度揭示了农户参保决策的形成机制。Hussel 等（2005）基于政府视角的研究表明，财政补贴政策通过改变保险产品的性价比，能够有效提升农户参保意愿。Matthew Ginder（2009）在针对伊利诺伊州 42 个区域的农业生产者所进行的调研中发现，农业保险产品的价格是影响农民购买决策的核心要素，同时，畜牧业的出栏量及农作物的种植面积亦是推动农民对农业保险需求上升的重要因素。通过对影响农民投保行为及其险种选择的多元因素进行深入研究。Barry Goodwin 等（2013）进一步丰富了需求分析框架，通过构建综合评估模型，证实农场管理效率、经营者风险偏好等微观因素同样深刻影响着农户的参保决策。这些研究发现为开发分层分类的保险产品体系提供了重要依据。Petri Liesivaara，Sami Myyrä（2014）认为农户对农业保险的需求与作物保险产品有关。Marianne Lefebvre 等（2014）认为，农业保险需求存在区域效应，农场规模和农场位置是决定农户是否购买农业保险的主要因素。针对不同区域的农户要提供相适应的保险产品。Harun Bulut（2016）也发现，不同区域的农户对保险产品需求不同。同时还通过将收入保险与其他风险分散工具进行对比，揭示了农户对收入保险的需求特征。

（2）关于农业现代化的研究

自 20 世纪中叶农业现代化逐步呈现以来，其内涵的界定便一直是学界研究的焦点所在。在此期间，西方发展经济学领域的学者纷纷从多元视角出发，对农业现代化的内涵展开界定与剖析，这一系列研究在经济学界引发了较为广泛的关注与讨论。舒尔茨（Theodore W. Schultz，1964）提出，发展中国家难以效仿发达国家采取以工业为核心的发展模式，其经济增长的关键在于农业的稳定增长。舒尔茨将农业现代化视为发展中国家突破传统农业生产限制的途径。他指出，发展中国家应将传统农业转型为现代农业作为实现经济增长的途径。为实现这一目标，他建议采用市场机制、创新农业生产技术以及加大财政支持农业等措施来改造传统农业。Held（1980）对匈牙利农业的集约化生产模式进行了探讨，从而将农业现代化界定为一种集约化农业生产行为的模式。而 John W. Mellor（1988）将农业现代化的概念进一步细化为传统农业向低资本技术农业的过渡，再向高资本技术农业的转变过程，强调不同国家和地区的农业现代化发展应考虑到自然资源、经济状况以及文化传承等方面的差异性，并倡导采取具有针对性的现代农业发展路径。

在农业现代化影响因素研究领域，国外学者从科技、生态、人口特征等多个维度展开了系统性的研究。Diederen（2003）研究表明，农民的技术行为与农业资本积累对农业转型发展起到了积极的推动作用。农民作为农业生产的主体，其技术选择直接影响着农业现代化的进程；而农业资本的持续积累则为技术应用提供了必要的物质基础。Magdoff F（2007）则从生态农业发展的角度，分析了现代农业面临的诸多挑战。在美国等发达国家，生态农业面临的主要制约包括市场开发成本高、政策支持不足以及土壤退化等问题；而在发展中国家，生态农业的发展则受到基础设施薄弱、农产品价值链不完善等因素的制约。Mittler R 等（2010）指出早期农业科技的不完善导致了田间环境监测的困难，无法有效防范虫害、干旱以及盐碱化对农作物的危害，进而极大地削减了农业产量，阻碍了农业现代化的进程。Bezak（2014）通过实地调查，揭示了人口变迁、地理位置以及农业利益相关者态度等因素对斯洛伐克山区现代农业转型的持续影响。Achim Walter（2016）认为未来农民可能会依据咨询之外的其他设备（如移动电话）决定何时播种。Sarah Rotz 等（2019）认为，政策制定者须从政治经济格局出发，在推进农业公平的过程中，同步审视其结构性挑战与实施局限性。

（3）农业保险与农业现代化的关系研究

农业保险与农业现代化的关系研究是近年来学术界关注的重点领域，农业保险对农业现代化进程的推动作用主要表现在两个方面：一方面，在农业经济系统内部，学者们认为农业保险与产业发展形成了良性互动机制。Goodwin（2001）基于经济学理论框架，证实了农业保险不仅具有风险保障功能，还能显著推动农业产业升级，为规模化经营和组织化运作提供制度保障。Mark（2003）的研究进一步深化了这一认识，揭示了农业保险通过降低新技术应用风险，加速农业技术创新扩散的机制，农业保险通过降低创新失败的成本，激励农户采纳新技术，从而促进农业生产效率的提升和国际竞争力的增强。Glauber 等（2004）从制度角度进行研究，研究表明，多样化的农业保险模式是美国农业现代化进程中的关键策略。Galluzzo 等（2018）的研究则强调了农业保险与其他金融工具、技术手段协同配合的重要性，并指出，农业保险要与农村信贷、气象指数保险、遥感技术等工具有机结合，才能充分发挥其对现代农业的支持功能。

另一方面，学者们认为农业保险在促进农业现代化进程中发挥着关键作用，其作用机制主要体现在降低农业经营风险、优化资源配置以及提升农民收入等方面。Hatch（2008）的研究发现，农业保险通过稳定农民收入预期，减少因灾致贫的风险，在缓解农村贫困方面发挥着重要作用。Rabindra（2014）在其研究中系统分析了尼泊尔地区气候变化对农业生产造成的负面效应，研究发现农业保险制度的实施能够有效减轻气候变化的冲击，具体表现为农业生产效率与作物产量的双重提升。基于这一实证结果，该研究进一步论证了农业保险政策在改善尼泊尔贫困问题方面具有重要的实践价值。Dercon 等（2011）指出，农民在面对自然灾害时抗风险能力较弱，若未购买农业保险，将面临资金损失，从而影响家庭收入。Freudenreich 等（2018）通过实证研究发现，在发展中国家的农业生产领域，农户普遍存在的风险规避倾向与保险保障不足问题共同形成了制约生产效率提升的关键性技术壁垒，而差异化农业保险产品的推广则能有效维护农民群体的生产经营权益。

1.2.2 国内研究现状

（1）农业保险发展相关研究

第一，供给层面。在农业保险供给领域的探讨方面，国内研究学者持续推动理论研究的创新与进步，其研究视角与所考量的要素亦展现出显著的独到性与创新性。王卫东、侯芳等（2008）对烟台市农业保险的实施现状进行了实地调研，研究发现，保险公司对农业保险业务的抵触主要源于高赔付率问题。同时，保险金额的确定、费率的合理设定、定损工作的复杂性及成本高昂，以及农村代办服务网点的稀少，均为农业保险供应能力的发挥带来了限制。张卓、尹航等（2020）指出，我国农业保险体系存在系统性风险分散机制不足的问题，加之农险业务用户增量所带来的边际成本偏高，这两点因素均可能削弱保险公司投身农业保险的积极性。同时，新险种的精算复杂性也降低了保险公司的创新动力。庹国柱（2017）提出农业保险行业存在自然垄断倾向，恶性竞争对市场供给构成负面影响，并提出了相应的市场过度竞争限制措施。郭军等（2019）基于实证调查，发现市场竞争强度、农户收入结构、政府补贴比例、地区风险状况及农村居民收入水平等因素均对保险公司参与农业保险的积极性产生显著影响。

第二，需求层面。国内学者通过构建多维度分析框架，深入探讨了影响农户参保决策的复杂因素。张红梅和杨明媚（2010）基于湖北省的调查数据分析证实，自然灾害造成的经济损失程度是激发农户投保决策的关键变量，同时家庭经济状况、信息渠道获取能力以及土地经营模式等因素也对保险需求产生显著作用。宋丽智、韩晓生等（2016）对全国 27 个省份的数据进行了深入研究，基于经济、风险和市场环境三大维度，揭示出农业保险深度与农险补贴、农作物种植总面积、农户受教育水平以及农产品销售量呈正相关性；反之，农户的收入水平对农业保险深度表现为显著的负相关性。岳琳琳、刘翔（2021）基于区域调研数据，进一步细化了需求影响因素的分析，研究表明，农户对农业保险的购买意愿与农业生产收入占比、耕地规模以及自然灾害发生频率存在显著正相关性，而与务农者年龄、家庭年均收入水平及受教育程度呈负相关性。钱文彬、王珍（2022）针对湖南省的研究发现，农村居民可支配收入及其在家庭总收入中的占比对农业保险需求具有重要影响。

（2）关于农业现代化的研究

国内学者对农业现代化内涵的探讨已经形成了丰硕成果，但农业现代化作为一个整体概念，其内涵与外延始终随社会发展而不断演进。

党的十八大以来，对农业现代化理论的讨论不仅深化了其理论内涵，也赋予了新的时代价值。蒋永穆（2018）认为，农业现代化体现了现代农业产业、生产和经营体系的协同进步，其核心特征包括产业的市场化、融合化与高级化，生产的科技化、机械化和绿色化，以及经营的集约化、社会化和组织化。在新时代背景下，杜志雄、肖卫东（2019）强调了我国农业现代化的八大显著趋势，如生产主体规模化、运作资本化、产业组织化等。而刘敏、白塔（2017）则强调现代农业服务体系建设是我国农业现代化进程中的核心环节。杜志雄（2021）指出，推进农业现代化进程需要重点关注科技创新与制度创新两个维度，通过改善农业生产要素配置效率，最终构建具有国际竞争力的现代农业产业体系。文丰安（2020）则强调，数字技术在农业领域的应用是现代农业发展的核心驱动力，主张借助“互联网＋农业”模式实现传统农业向现代化农业的转型升级。

在实证层面，国内学者对于农业现代化进程的研究焦点已逐步从地域性研究扩展至全国范围的评估，且取得了显著的成效。蒋和平、崔凯（2011）对1985—2009年中国主要粮食生产区域的农业现代化水平进行了评估，揭示了各区域因经济发展差异而呈现显著的不同发展水平。杨少垒（2014）对农业现代化水平的测度指标体系进行了优化，然而未实施具体测度。邸菲、胡志全（2020）创新性地建立了包含6个维度、23项具体指标的农业现代化评估框架，通过主客观赋权相结合的方式、多指标综合评价方法对2016年全国农业现代化发展状况进行量化分析，研究结果表明我国农业现代化程度存在明显的区域差异，呈现东部向西部梯度递减的空间格局。田野等（2021）运用超效率数据包络分析模型，对2000—2018年中国农业现代化进程的效率水平进行测度，实证研究发现我国农业现代化整体效率仍处于较低的发展阶段。进一步地，基于农业农村现代化水平测度结果，学者们对农业农村现代化的空间特征、结构与水平差异以及障碍因素等进行了分析。王勇等（2025）研究发现农业保险覆盖率低、农村燃气普及率低、农村生活污水处理率低及村庄绿地率低始终是制约全国农业农村现代化发展的主要因素。

（3）农业保险促进农业现代化的相关研究

就农业保险的功能与效用而言，作为农村金融架构的关键构成要素，农业保险在维护农业生产稳定、缓解农业风险、平衡农户收入波动以及推动农业产业结构升级优化等方面扮演着至关重要的角色（唐勇等，2021；邹新阳等，2021）。庹国柱等（2003）强调，在中国农业转型的关键时期，农业保险的避险功能具有特殊价值。他们的研究表明，农业保险不仅能够补偿自然灾害造成的直接损失，更重要的是能够稳定农民预期，促进长期投资，这对于避开传统农业的“低水平均衡陷阱”具有重要意义。农业保险作为提升农村地区应对农业生产风险能力的有效手段，能够有效解决农户因灾害陷入或再次陷入贫困的问题，应当成为我国精准扶贫的重要工具（郑伟等，2018），从而推进农业现代化进程。

尽管农业保险已经为推动我国农业现代化进程发挥了关键作用，然而现阶段我国农业保险在供需关系、补贴手段等方面仍面临着不平衡状况，且补贴方式较为单一（周爱玲，2018；王韧，2022）。此外，农业保险在推动农业现代化过程中还受到多方面的制度性限制，包括法律法规的缺失、管理体系的不成熟以及政策目标的不明晰等问题，这些制度性障碍增加了交易成本，降低了资源配置效率（冯文丽，2020；兰虹等，2020）。农业保险赔付过程中存在生态失衡问题，主要表现为逆向选择和道德风险难以有效控制，导致实际赔付偏离精算预期。这种失衡不仅影响保险公司的经营可持续性，也削弱了保险机制的风险管理效能（牛浩等，2022）。此外，农业保险的保障和赔付标准普遍偏低，保障金额往往不能完全覆盖生产成本，更难以体现农产品市场价值。这种不足限制了保险的收入稳定功能，也难以满足新型经营主体的风险保障需求（富丽莎等，2022）。众多技术创新的实践应用尚处于探索与实验的初级阶段，其普及推广需经历持续的迭代优化过程，以达成全面、常态化的应用状态。在当前情况下，农户投保与保险服务之间的“最后一公里”尚未完全贯通，这一问题亟待得到有效解决（段应元等，2024）。中国农业保险保费收入已跃居全球第一，然而相较于主要农业发达国家，仍存在规模优势明显但发展质量不足的突出问题。

许多学者基于此提出了改革建议：需要持续推动和加强农业保险的供给端改革，不断拓宽保险覆盖领域，包括推动农业传统模式的结构性改革，持续扩大保障范围，如促进传统农业转型升级，推动区域特色农业发展；明晰农业保险地位，优化财政补贴制度；完善风险减量和分散机制，使其在推动农业现代化建设中发挥更为重要的作用。杨艳文（2022）建议将农业保险与金融衍生工具相结合，例如采用“保险＋期货”模式，这种模式通过金融工具组合创新，有效管理农产品价格波动风险，为现代农业经营主体提供更加全面的风险保障。同时，这种创新也有助于培育农村金融市场，完善农村金融服务体系。江世银等（2023）认为，“互联网 +”模式下的农业保险创新，突破了传统农业保险的固有框架，实现了保险科技与农业保险领域的深度融合。通过对大数据、人工智能、区块链、云计算等先进技术的应用，有效涵盖了保险产品设计、市场推广、风险评估与理赔等全方位业务流程，为农业现代化建设的加速推进注入了新的活力。并且，政府应加强农业科技宣传，结合农村文化创新推广方式，实现科技与文化的融合，还应推动工业与农业现代化融合，利用工业技术提升农业生产水平，鼓励工业企业参与农业建设项目，形成工农互促的发展格局（李宝礼、孙政，2025）。

（4）农业现代化支持农业保险的相关研究

2015 年启动的农业供给侧结构性改革，以要素配置优化、产业结构升级为核心目标，为学术界解析农业现代化与农业保险的协同演化机制开创了新的研究维度。该政策通过优化农业生产体系、完善产业结构、创新经营模式等路径，不仅拓展了农业保险的发展空间，同时也对其功能定位和服务水平提出了更为严格的要求。魏丽与王莹（2017）认为，我国农业保险应当由单一险种向价格保险、收入保险及指数保险等多元化险种体系过渡，同时提倡建立农户互助保险组织。裴光（2020）在研究农业保险高质量发展路径时指出，亟须建立健全的农业保险保障体系，以充分发挥其在农业现代化进程中的支撑作用。随着农业现代化进程的推进，家庭农场、社会化服务组织和农民合作社等新型经营主体的发展壮大，并且农业产业链的延长，使得农户对农业保险的需求日益多元化（苏艺，2024）。农业不仅显著提升了农业保险的市场需求，同时也促使保险机构加快产品创新步伐，优化服务供给体系，从而全面提升农业保险的市场竞争力与对“三农”的服务水平（芦千文，2024）。

（5）农业保险与农业现代化的耦合协调研究

现有研究从定性与定量两个维度对农业保险与农业现代化之间的协同发展机制进行了系统分析。在理论层面，曹卫芳（2013）指出，农业保险既是实现农业现代化的必要条件，也是重要支撑，同时农业现代化进程又反哺保险业发展，二者形成良性循环的共生关系。这种共生关系体现在三个层面：在功能层面，农业保险为农业现代化提供风险保障，农业现代化为保险发展创造需求基础；在结构层面，两者通过要素流动和资源配置形成有机联系；在演化层面，二者相互适应、协同进化，共同推动农业农村发展。黄静等（2019）基于新疆地区的实证研究认为，农业保险与现代化发展存在显著的正向关联，但缺乏对二者互动程度的精确测算。在实证层面，李京、曹武军（2019）基于2007—2016年的面板数据，实证分析了农业保险与农业现代化发展的协同关系，研究结果表明，在农业供给侧结构性改革背景下，二者间的协调程度呈现显著提升态势，但农业保险的发展速度仍未能完全匹配农业现代化建设的实际需求。方建武、秦思奇（2023）从乡村振兴背景下出发，构建农业保险与农业现代化相互融合的协同机制分析，揭示二者之间存在相互促进、共同发展的互动关系。张启文等（2024）针对长江经济带区域，对二者耦合协调发展水平及其影响因素进行测度，发现耦合协调发展水平受到政府财政支持水平、技术创新水平和互联网发展水平影响。新时期，政府应促进传统农业转型升级，明晰农业保险功能，完善良性互动机制，推动农业现代化与农业保险优质协调发展，全方位、广覆盖、高水平构建中国特色农业风险保障体系，高质量服务农业现代化建设（段应元等，2024）。

1.2.3 文献述评

现有研究表明，农业保险与农业现代化之间的理论关联已形成较为完善的体系，然而在实证分析层面仍存在明显欠缺，多数研究仅局限于探讨农业保险对农业现代化进程中特定维度的作用效果，如聚焦于生产技术改进或产业结构调整等单一维度，缺乏对两者系统性协同关系的整体把握。这种碎片化分析难以全面反映农业保险与农业现代化之间的复杂互动机制。另外，现有实证分析主要采用相关性分析、回归分析等传统计量方法，对空间关联性、动态演化等特征捕捉不足。因此，本书拟以全国各省域为研究对象，立足我国农业保险和农业现代化的实际发展水平，并在以往研究基础上对指标进行丰富和优化，以提升其科学性和严谨性，接着运用耦合方法构建农业保险与农业现代化协调发展评价体系，探究影响耦合协调发展的主要原因，并提出针对性建议，以期丰富现有研究，为二者协同发展提供新思路。

1.3 研究内容与方法

1.3.1 研究内容

本书以2011—2022年我国30个省级行政区的农业保险与农业现代化发展状况为研究背景，从理论分析和实证检验两个层面，深入探讨二者之间的耦合协调关系、时空演化规律及其驱动因素。研究采用“问题导向—文献综述—理论构建—实证分析—政策建议”的递进式研究范式，具体研究框架如下：

第1章，绪论。重点论述了本研究的选题背景与学术价值，对国内外关于农业保险与农业现代化发展的研究文献进行了系统性的综述，同时明确了本研究的创新性贡献及存在的局限性。

第2章，概念界定和理论基础。主要界定了农业保险、农业现代化和耦合协调三个核心概念，并对相关理论框架进行了梳理与阐述，为后续探讨两系统协同运作的协调机制提供理论支撑。

第3章，农业保险发展历程和现状分析。首先，分析农业保险的起源，其次，从恢复与试点阶段（1982—2003年）、政策性农业保险起步阶段（2004—2012年）、法治化与快速发展阶段（2013—2018年）、创新发展与全面升级阶段（2019年至今）这几个阶段分析农业保险从改革开放至今的发展历程。最后，从农业保险的发展规模、保障水平、保险结构和可持续性这四个方面分析农业保险的发展现状。

第4章，农业现代化发展历程和现状分析。首先，描述了农业现代化的起源，其次，分析了农业现代化的发展历程，最后，从农业投入水平、产出水平、农村社会发展水平和农业生态环境可持续发展这四个方面详细分析农业现代化的现状。

第5章，农业保险与农业现代化耦合协调发展的机理分析。首先，对农业保险与农业现代化的现状进行剖析，其次，对农业保险与农业现代化之间的协同发展机制进行深入研究。该研究可分为两个主要内容：一是农业保险对农业现代化进程的推动作用：二是农业现代化对农业保险发展的促进效应，为后续研究提供理论框架与分析基础。

第6章，农业保险与农业现代化耦合协调发展的测度分析。首先，构建两大系统评价指标体系，通过熵权法等赋权方法测算2011—2022年省域农业保险发展水平与农业现代化指数，运用核密度估计对两系统发展水平的时空分布特征进行多维刻画，揭示区域发展差距与演进趋势。其次，基于面板数据，采用耦合协调度模型测算二者协调发展水平，揭示省域之间空间集聚效应与差异格局。最后，引入核密度估计技术解析耦合协调度的动态演进轨迹，借助标准差椭圆模型刻画空间分布的方向性与集聚特征，系统呈现我国农业保险与农业现代化耦合协调发展的时空演变规律，作为识别影响因素作用路径的重要切入点。

第7章，农业保险与农业现代化耦合协调发展的影响因素实证分析。从政治、经济、人口、技术和自然五个方面考虑，选取政府财政支持、传统金融发展水平、数字技术水平、农村人口受教育程度和自然灾害发生情况五个影响因素。采用空间面板数据模型，系统探究我国农业保险与农业现代化两系统协同演进的核心驱动机制。在此基础上，运用时空地理加权回归方法，重点考察各影响因素在空间维度上的非均衡分布特征，从而揭示耦合协调发展过程中各要素的局部空间效应规律。

第8章，农业保险与农业现代化耦合协调发展的实现路径。使用演化博弈法分析农业保险和农业现代化耦合协调发展参与主体的行为，并构建三方演化博弈模型以分析农业保险和农业现代化耦合协调的发展路径。

第 9 章，农业保险与农业现代化耦合协调发展的保障机制。在整合理论探讨与实证分析的基础上，本章旨在为促进我国和各省份的农业保险与农业现代化耦合协调发展提出具有针对性的保障机制，并探讨实现省际均衡发展的区域协同机制。

1.3.2 研究方法

本书聚焦于农业保险与农业现代化耦合协调发展，主要采用以下研究方法：

文献研究法。本书采用文献研究法作为基础性研究方法，通过系统性文献梳理构建研究的理论基础。在文献收集阶段，重点检索了国内外权威数据库中的相关文献，包括农业保险政策演变、农业现代化评价体系、两者互动关系等核心主题。通过文献计量分析方法，绘制了研究热点演进图谱，识别出该领域的研究前沿和发展趋势，概括国内外研究农业保险与农业现代化领域的核心议题及尚未充分探讨的领域，进而确立本论文的研究视角与具体内容。

定性分析法。本书运用定性分析法深入探讨农业保险与农业现代化耦合协调的理论基础和作用机制。在理论框架构建方面，整合了四大基础理论：风险管理理论阐释了保险在化解农业系统性风险中的功能定位；准公共物品理论揭示了政府与市场协同供给的均衡路径；制度变迁理论系统阐述了农业现代化的变迁进程；区域空间结构理论解释了协同发展的空间分异特征。然后，本书对农业保险与农业现代化之间相互协调的内在机制进行了深入探讨，在分析影响因素的过程中，融合了实证数据与理论观点，进而形成具体政策提议。

定量分析法。首先，运用熵权法建立了农业保险发展水平与农业现代化进程的综合评价指标体系，并据此对二者的发展状况进行了量化评估。其次，在前面的基础上，采用耦合协调度模型对我国各省份两大系统的协调发展程度进行了测度分析。通过时空双重视角，运用核密度估计法和标准差椭圆分析法，系统考察了农业保险与农业现代化耦合协调关系的时空演变规律及其动态特征。再次，运用莫兰指数对两大系统耦合协调度的空间关联特征进行测度，随后基于空间计量经济学理论，采用空间面板模型识别影响系统协调发展的全局性驱动因子。最后，为进一步考察各影响因素的空间异质性特征，研究构建了时空地理加权回归模型对局域效应进行分析。

第2章

概念界定和理论基础

2.1　相关概念

2.1.1　农业保险

作为现代风险管理体系中的重要金融工具，农业保险在广义范畴上已经超越了传统的风险保障功能，发展成为涵盖农村地区人身安全、财产保障和产业发展的综合性保障机制。本书依据 2012 年国务院颁布的《农业保险条例》的权威界定，将农业保险明确定义为专门针对农林牧渔等基础产业的综合性风险保障制度安排。这种制度设计在险种设置方面呈现多元化特征，主要包括三大类型：收入保障型险种着重保障农户的预期收益稳定性；复合险种型产品整合了多种风险保障功能；自然灾害型险种则专注于气象灾害等不可抗力因素的风险转移。在保障对象方面，农业保险覆盖范围广泛，既包括粮食作物、经济作物等种植业产品，也涵盖畜牧养殖、水产养殖等养殖业产品，形成了较为完整的农业生产风险保障网络。该制度设计的核心价值目标在于通过市场化的风险转移机制，有效缓解因气象灾害、动植物疫病、市场价格波动等不可抗力因素对农业生产造成的经济损失。这种风险分散机制能够显著增强农业生产经营主体的风险抵御能力，保障其基本收入来源的稳定性，从而维护农业产业的可持续发展。在具体运行机制上，农业保险遵循契约化运作模式：投保农户根据保险合同约定按期缴纳相应保费，建立风险保障基金；保险机构则依据契约条款约定的风险事件认定标准、损失评估方法和赔付标准进行精准的经济补偿。这种制度安排的有效运行依赖于两个关键支撑：一方面需要对农业生产风险进行科学评估与动态监测，建立完善的风险评估模型和预警机制；另一方面要求保险机构提升理赔服务的时效性与精准性，确保保障功能的有效发挥。

作为国家支农惠农政策体系的关键环节和重要抓手，现代农业保险已经超越了单纯的风险保障功能，承担着促进农业现代化发展的多重政策使命。从功能演进来看，农业保险的政策定位经历了从单一风险保障向综合发展工具的转变过程：在基础层面，通过风险保障维护农业生产的稳定性；在中间层面，通过信贷增信等功能促进农业生产要素的优化配置；在更高层面，通过产业支持政策推动农业现代化进程。这种功能拓展使得农业保险成为连接农业风险管理与现代农业发展的重要政策纽带。自2007年中央财政启动农业保险保费补贴试点以来，我国政策性农业保险已经走过了18年的发展过程。在这段发展过程中，农业保险制度经历了三个重要发展阶段：2007—2012年的试点探索阶段，重点建立制度框架和运行机制；2013—2018年的快速发展阶段，着力扩大覆盖面和提升保障水平；2019年至今的高质量发展阶段，注重产品创新和服务升级。实证数据表明，在现行制度框架下，政策性农业保险业务的市场占有率持续保持在95%以上的高水平，充分体现了其在农业保险体系中的主导地位和核心作用。这种发展格局的形成主要得益于三个方面的制度优势：中央和地方财政的保费补贴政策有效降低了参保门槛；政策性业务与商业性业务的协同发展优化了市场结构；监管制度的不断完善保障了市场规范运行。

我国农业保险制度呈现三个鲜明的特征：首先是政策性与市场性的有机结合，既发挥财政补贴的引导作用，又坚持市场化运作原则；其次是普惠性与差异性的统一，在扩大基本保障覆盖面的同时，针对不同产业和区域特点开发差异化产品；最后是稳定性与创新性的平衡，在保持制度连续性的基础上持续推进产品服务创新。这些特征共同构成了中国特色农业保险制度的重要标识。在运行机制方面，农业保险建立了“政府引导、市场运作、协同推进”的基本模式。政府部门主要负责制度设计、政策支持和监督管理；保险机构承担产品开发、承保理赔和市场服务等具体业务；农业生产经营主体作为参保对象享受风险保障服务。这种多方协同的运行机制有效整合了政策资源、市场力量和专业优势，形成了推动农业保险可持续发展的合力。特别值得注意的是，近年来农业保险运行机制不断创新，逐步发展出“保险＋期货”“保险＋信贷”等创新模式，进一步拓展了保险服务的广度和深度。

经过多年发展，我国农业保险取得了显著成效：风险保障水平持续提升。2022年农业保险保费规模达到亿元级别，提供风险保障超过万亿元；保障范围不断扩大，从最初的种植业扩展到养殖业、林业等多个领域；服务能力显著增强，形成了较为完善的服务网络和专业技术队伍。这些发展成效为保障国家粮食安全、促进农民增收和推动农业现代化发挥了重要作用。展望未来，农业保险发展将呈现三个主要趋势：一是保障功能向多维度拓展，从传统的灾害补偿向收入保障、质量安全等新领域延伸；二是产品服务向精准化发展，运用大数据、遥感等技术提升风险评估和理赔服务的精准性；三是制度设计向系统化演进，更好地融入乡村振兴战略和农业现代化进程。这些发展趋势将进一步强化农业保险在农业农村发展中的支撑作用，为全面推进乡村振兴提供更加有力的风险保障和金融支持。

2.1.2　农业现代化

农业现代化作为一个动态发展的理论范畴，其内涵界定存在狭义与广义之分。从狭义层面来看，农业现代化特指农业生产体系的现代化转型，这一过程依托现代科学理论体系，通过引入工业化生产方式、前沿科学技术以及现代管理方法来实现农业生产管理的革新，其核心要素涵盖物质装备、技术应用、经营管理和生态保护等维度的现代化转型。广义的农业现代化则扩展至“三农”问题的整体现代化进程，不仅涉及农业生产力的提升，还包括乡村产业结构优化、城镇化进程推进等与农业农村发展密切相关的社会经济要素。学术界对农业现代化内涵的解读主要有两种范式：其一是基于要素构成的内容论，着重分析特定历史阶段农业现代化的静态特征；其二是强调发展演进的过程论，将农业现代化视为以先进要素替代传统要素、推动农业部门转型升级的动态发展过程。通过对我国经济社会发展轨迹的考察，可以发现执政党对农业现代化的认知呈现显著的阶段性演进特征。作者参考杜志雄的研究汇总，详见表2－1。

表 2－1　　农业现代化核心内涵的变迁过程

时期	农业现代化的核心内涵
新中国成立初期	以“四化”为特征的农业现代化目标
改革开放时期	探索以“多化论”为特征的具有中国特色的农业现代化道路
新时代阶段	农业发展趋向“八化”

自新中国成立至党的十一届三中全会，我国确立了以农业机械化、水利设施化、化学应用普及化及农村电气化为核心的“四化”战略框架，通过拖拉机站建设、淮河治理等标志性工程推动传统耕作方式向机械化生产转型，依托化肥和农药研发提升土地产出效率，借助小水电站建设改善农村能源结构，初步构建起现代化农业基础设施体系。随着改革开放进程的深化，决策层与学术界在坚持耕地“红线”与粮食安全底线的同时，创造性吸收国际农业科技革命经验，逐步形成涵盖生产要素配置、经营体系创新、生态价值转换的立体化发展路径。在此过程中，我国农业现代化呈现八大演进特征：土地流转制度改革催生家庭农场与合作社并存的规模化经营主体，北斗导航与无人机技术推动精准农业机械化，面源污染治理倒逼化肥农药“双减”的生态化转型，期货市场与供应链金融重构农业资金循环模式，地理标志认证与电商直播赋能农产品品牌溢价，中央厨房与冷链物流促进加工环节工业化升级，“农业＋文旅＋康养”催生产业融合新业态，智慧农业管理系统实现全产业链数字化监管。尽管不同发展阶段对现代化内涵的诠释存在时代性差异，但其本质始终围绕“土地—技术—制度”三位一体的生产力革命展开。当前推进路径需要以生物育种、智能装备等硬科技突破为引擎，以“三权分置”、集体产权等制度改革为保障，通过高标准农田建设与新型职业农民培育工程，构建涵盖生物经济、循环农业、数字乡村的现代化产业矩阵，最终实现农业生产效率跃升、农村治理体系革新与农民职业化转型的协同发展，为破解“小农户对接大市场”的结构性矛盾提供中国方案。

2.1.3　耦合协调

现代社会科学研究已经充分认识到，社会是一个复杂系统，各系统或制度间存在独立、互斥、耦合的关联关系（张旭昆，2004）。根据系统科学理论，这些关联可以归纳为三种基本类型：独立关系表现为系统间相对封闭、互不干扰的运行状态；互斥关系体现为系统间存在竞争性资源分配或功能性冲突；而耦合关系则代表着系统间建立了物质、能量和信息的交换通道，形成了相互依赖、相互影响的有机联系。这种系统间的耦合现象在资源分配、生态环境、经济体系及社会结构等多元领域表现得尤为突出，构成了推动社会发展的内在动力机制。随着科学发展观的持续引导与实践，当代社会科学研究范式正在经历深刻的变革。这种变革主要体现在评估体系的转型上：从过去片面追求经济增长的单维评价标准，逐步发展为强调协调性与发展性并重的综合评价模式。在这种新型评估框架下，耦合效应及其协调发展度指标已经成为衡量社会系统运行效率的重要工具。特别是在经济学研究领域，耦合概念被明确定义为系统间具有显著相关性并能产生相互影响的动态状态（王淑佳等，2021）。这种定义突出了耦合关系的两个本质特征：一是系统间存在可观测的关联性；二是这种关联性能够引发双向的作用机制。耦合度作为评估系统间交互关系密切程度的重要参数，其理论内涵和应用价值在学术界得到了广泛探讨（刘耀彬等，2005）。在具体应用中，耦合度分析通常包含三个关键环节：首先是识别系统间的相互作用路径，其次是构建耦合测度模型，最后是解析耦合演变规律。这种分析方法为理解复杂系统的协同机制提供了有力的量化工具。研究表明，耦合度水平与系统协同效应之间存在明显的正相关关系。当耦合度处于较高区间时，意味着各子系统间建立了紧密的功能联系，能够产生显著的协同效应和互补效应。这种高度耦合状态往往伴随着系统整体性能的优化和效率的提升。相反，低耦合度则表明系统间的关联性和互动性相对薄弱，可能导致资源错配和功能割裂。值得注意的是，耦合关系并非越强越好，适度的耦合强度才能保持系统的稳定性和适应性。这一发现对实践中的系统优化具有重要指导意义。

“协调”概念在系统科学研究中具有特定的理论内涵，它描述的是一种动态平衡机制。协调机制的核心在于通过科学方法的系统应用，在充分尊重客观发展规律和系统间相互作用机理的前提下，引导系统间建立良性互动关系，最终实现系统功能的持续优化和整体效能的提升。协调机制具有三个典型特征：动态性，表现为协调状态的持续调整过程；适应性，体现在对内外环境变化的灵敏反应；进化性，意味着协调水平的阶梯式提升。王伟与孙雷（2016）在其研究中构建了“协调度”这一量化指标，用以评估多系统及其构成要素间协同效应的实现程度。耦合协调度概念的引入，实现了耦合分析与协调评价的有机统一。这一整合性指标能够同时反映系统间相互作用的强度和质量，为评估系统协同发展水平提供了更加全面的分析工具。高耦合协调度代表着系统间不仅建立了紧密的联系，而且这种联系呈现相互促进、共同发展的良性态势。在这种状态下，系统间的物质、能量和信息流动达到最优配置，产生显著的协同效应。相反，低耦合协调度则揭示了系统间存在相互制约甚至冲突的关系模式。这种状态可能导致系统功能的相互掣肘和整体效率的损失。耦合协调度分析特别关注系统互动的质量特征，包括互动的稳定性、持续性和增效性等方面。通过这种分析，可以准确识别系统协同发展中的瓶颈因素和潜在风险，为系统优化提供有针对性的改进方向。

在农业经济系统中，农业保险与农业现代化两大子系统之间存在着深刻的耦合协调关系。这种关系表现为相互影响、相互促进的良性发展机制。从作用路径来看，农业保险通过其特有的风险分散功能，为农业生产和经营提供稳定保障，有效降低了农业现代化进程中的系统性风险。这种保障作用主要体现在三个方面：稳定农民收入预期，增强投资信心；缓冲自然灾害冲击，维持生产连续性；改善信贷环境，缓解融资约束。与此同时，农业现代化的发展也为农业保险创新提供了强劲动力。农业现代化的推进带来了农业生产方式的转型升级，这种转变从多个维度重塑了农业保险的发展环境：规模化经营扩大了保险需求基数，技术进步提升了风险管理能力，产业融合拓展了保险服务场景，收入增长增强了保费支付能力。这种双向互动使得农业保险与农业现代化形成了紧密耦合、协调发展的良性循环。

2.2 理论基础

2.2.1 风险管理理论

风险管理作为现代企业管理体系中的核心组成部分，其理论内涵与实践价值已经得到学术界和实务界的广泛认可。从本质上看，风险管理是一种系统性的管理活动，其核心目标在于通过科学的方法论和规范化的流程设计，将各类不确定性因素可能造成的负面影响控制在可接受范围内。这种管理活动贯穿企业运营的全过程，包括风险识别、风险评估、风险应对和风险监控四个关键环节。随着经济全球化和市场复杂化的深入发展，风险管理的适用范围已从传统的金融领域扩展到制造业、农业、服务业等各个产业部门，形成了跨学科、跨领域的综合性理论体系。风险管理理论的发展经历了三个重要阶段：早期以保险为核心的被动防御阶段，强调风险转移和损失补偿；中期发展为以内部控制为主的主动管理阶段，注重风险规避和损失控制；现代已进入全面风险治理阶段，倡导风险与收益的平衡优化。这种理论演进反映了风险管理从单一技术工具向战略管理要素的转变过程。在实践层面，现代风险管理强调将风险意识融入组织文化，建立全员参与的风险管理机制，实现风险管理与业务发展的有机融合。特别值得注意的是，大数据、人工智能等新技术的应用，为风险管理提供了更加精准的分析工具和决策支持，推动风险管理向智能化、实时化方向发展。

农业风险管理是风险管理理论在农业领域的具体应用和实践，旨在识别、评估和应对具有鲜明特征的农业风险。从本质属性看，农业风险是指农业生产经营主体在从事生产、加工、流通等经济活动过程中面临的损失不确定性。这种不确定性主要表现在三个方面：风险事件发生与否的随机性、风险发生时间的不确定性以及风险损失程度的波动性。农业风险的独特性源于农业生产的基本特征：一方面，农业生产对自然条件的依赖性决定了其面临的自然风险尤为突出；另一方面，农产品市场价格的波动性又带来了显著的市场风险。根据风险来源和性质差异，农业风险可以划分为四大类型：第一，自然风险，包括气象灾害、病虫害等自然因素导致的产量风险；第二，市场风险，表现为价格波动、市场准入等市场因素带来的收益风险；第三，技术风险，涉及新品种、新技术应用过程中的技术可行性风险；第四，运营风险，包括供应链管理、质量控制等内部运营环节的风险。这种分类为农业风险管理提供了系统化的分析框架。需要强调的是，现代农业发展还面临着政策风险、环境风险等新型风险挑战。这些风险因素与传统风险相互交织，形成了更加复杂的风险矩阵。

农业风险管理的根本目标在于保障农业生产经营的稳定性和可持续性，这一目标可以分解为两个层面：在事前预防层面，通过风险预测、早期干预等手段，尽可能降低风险事件发生的概率或减轻潜在损失的程度；在事后处置层面，通过经济补偿、资源重组等方式，快速恢复生产能力，最大限度减少风险事故造成的负面影响。这两个层面相互补充，共同构成了完整的农业风险管理闭环系统。实现这些目标需要采取多元化的管理策略，主要包括四种：风险规避策略，通过调整生产计划或经营方式主动避开高风险领域；风险减轻策略，采取预防性措施降低风险发生概率或影响程度；风险转移策略，利用保险、期货等金融工具将风险转嫁给第三方；风险自留策略，在评估基础上主动承担可控风险。这些策略的选择和应用需要综合考虑风险类型、主体特征、成本效益等多重因素。特别值得注意的是，现代农业风险管理越来越强调组合策略的应用，通过多种工具的协同配合实现最优的风险管理效果。

在众多农业风险管理工具中，农业保险因其独特的制度优势而成为最受重视的政策工具。从功能定位看，农业保险通过风险转移机制，为农业生产者提供了稳定的风险保障，有效缓解了自然风险和市场风险的双重压力。这种保障功能主要体现在三个方面：一是为农业生产提供安全网，保障基本收入稳定；二是增强农业融资能力，改善信贷可获得性；三是促进农业投资，推动技术创新和产业升级。农业保险的这些功能使其成为国家保障粮食安全、促进农民增收的重要政策手段。

2.2.2　准公共产品理论

准公共产品理论作为现代公共经济学的重要理论支柱，构建了连接纯公共产品与私人产品的理论桥梁。从产品属性谱系来看，社会经济系统中的产品供给呈现连续分布特征，准公共产品处于纯公共产品和私人产品之间的过渡地带。这种特殊定位使其兼具两类产品的特征：在排他性方面，准公共产品可以通过技术手段或制度安排实现消费限制，但又不同于私人产品的完全排他；在竞争性方面，其消费的边际成本并非完全为零，但也不会像私人产品那样出现完全的消费竞争。准公共产品的核心特征主要体现在三个维度：一是消费的有限竞争性，即在特定消费规模内增加消费者不会显著影响他人效用，但超过临界点则会产生拥挤效应；二是供给的部分排他性，表现为通过技术手段或收费机制可以实现选择性供给；三是效益的显著外溢性，即个体消费产生的社会收益往往大于私人收益。这些特征决定了准公共产品的供给既不能完全依赖市场机制，也不宜完全由政府包办，而需要探索政府与市场协同的混合供给模式。从理论发展脉络看，准公共产品理论经历了三个重要演进阶段。早期研究主要关注产品属性的二元划分，中期研究重点探讨俱乐部产品等特定类型，近期研究则转向供给机制创新和绩效评估。这种理论演进反映了学术界对公共产品认识的不断深化，也为解决现实中的产品供给难题提供了更加丰富的理论工具。

农业保险作为准公共产品理论的典型实践，其属性特征在农业风险管理领域得到充分印证。从产品本质看，农业保险呈现明显的混合属性特征：在排他性方面，通过保单设计和保费机制可以实现消费限制，技术上能够实现服务排他；在竞争性方面，风险池达到临界规模前具有非竞争特征，但承保能力受限于再保险市场容量；在外溢性方面，其稳定农业生产、保障粮食安全的效益覆盖整个社会，产生显著的正外部性。这种特殊属性使农业保险市场面临典型的市场失灵问题。单纯依靠市场供给会导致两个困境：一是需求不足，因为个体农户难以内化保险带来的全部社会效益；二是供给短缺，信息不对称导致的逆向选择和道德风险问题会推高保险成本。与此同时，完全政府供给又可能产生效率损失和财政压力。因此，探索政府与市场协同的供给机制成为破解这一难题的关键。我国农业保险发展实践创新性地解决了这些矛盾。通过构建多层次的制度框架，包括明确政策性定位、实施差异化补贴、坚持市场化运作、强化科技赋能等措施，实现了准公共产品供给的效率与公平兼顾。以完全成本保险为例，该制度设计通过保障水平提升、费率区间优化和补贴结构调整，既确保了粮食安全的公共目标，又通过市场机制维持了运营效率，充分体现了准公共产品的均衡供给理念。

准公共产品理论的核心价值在于揭示了政府与市场协同供给的均衡路径。在农业保险领域，这种协同机制表现为多层次的制度创新：在治理体系方面，建立立法规范、行政监管和行业自律相结合的三维框架；在资源配置方面，形成财政补贴引导、保费支付能力和风险分散渠道相互支撑的稳定结构；在技术支撑方面，构建天地一体化的风险管理系统，显著提升运营效率。这种协同机制产生了显著的经济和社会效应。从生产效率看，农业保险的保障水平和覆盖范围持续提升，有效稳定了农业生产预期；从要素配置看，保险机制显著改善了农村金融环境，促进了现代生产要素向农业农村流动；从社会福利看，保险保障显著增强了农户的风险抵御能力，为乡村振兴提供了重要支撑。更为深远的是，这种制度创新培育了新型农业风险管理生态，形成了从风险预防到损失补偿的完整链条。

2.2.3 制度变迁理论

制度变迁理论作为新制度经济学的核心理论框架，系统阐释了社会规则体系在历史演进中的动态调整过程。该理论认为，制度作为规范人类行为的规则体系，其变迁本质上是社会成员为适应环境变化而对激励结构进行的重新设计。从理论内核来看，制度变迁主要解决两个基本矛盾：一是资源配置效率与利益分配机制的矛盾；二是制度稳定性与创新需求的矛盾。这些矛盾的动态平衡推动着制度体系的持续演进。制度变迁的路径可以划分为两种基本类型：强制性变迁和诱致性变迁。强制性变迁通常由政府主导，通过法律法规等正式制度安排自上而下推进，具有快速性、整体性的特点。这种变迁方式在制度环境突变或重大改革时期尤为常见。诱致性变迁则源于微观主体为适应环境变化而自发的制度调整，通过非正式规则的逐步演化最终形成正式制度安排，具有渐进性、局部性的特征。这两种路径并非相互排斥，在实践中往往相互补充、协同作用。制度变迁理论的发展经历了三个重要阶段：早期理论关注制度与经济增长的关系，中期理论重点分析路径依赖现象，近期理论则关注制度创新与技术进步的互动机制。这一理论演进为理解经济发展中的制度转型提供了更加丰富的分析视角。特别值得注意的是，现代制度变迁理论越来越强调技术创新对制度演化的催化作用，认为技术进步可以打破原有的制度均衡，创造新的制度需求。

中国农业现代化进程中的制度变迁呈现明显的阶段性特征，反映了不同历史时期的发展需求和政策导向。新中国成立初期，通过土地改革实现了封建土地所有制向农民所有制的转变，随后又通过农业合作化运动建立起集体所有制框架。这一阶段的制度变迁具有典型的强制性特征，为国家工业化战略的实施奠定了制度基础。从改革开放以来，中国农业制度变迁进入新的历史阶段。家庭联产承包责任制的推行标志着制度变迁路径的重大调整，从强制性变迁为主转向诱致性变迁与强制性变迁相结合。这种转变极大地激发了农民的生产积极性，解放了农业生产力。进入 21 世纪后，农村土地“三权分置”改革的实施进一步优化了农地产权结构，为土地要素市场化配置创造了制度条件。近年来，数字技术与农业的深度融合正在重塑制度变迁的实现路径。智能技术应用不仅改变了农业生产方式，也推动了农业支持保护制度的创新升级。这种技术驱动的制度变迁呈现新的特点：变迁速度加快、精准度提高、参与主体多元化。农业保险制度的演进就是典型案例，从传统损失补偿向风险预防的全链条管理转变，体现了技术创新与制度创新的协同效应。

技术创新在制度变迁过程中发挥着越来越重要的驱动作用。从作用机理看，技术创新通过三个渠道推动制度变革：一是改变要素相对价格，创造新的制度需求；二是降低制度实施成本，提高制度运行效率；三是拓展制度设计空间，增加制度选择可能性。这种技术—制度协同演化机制在现代农业发展实践中表现得尤为明显。数字技术的广泛应用为农业制度创新提供了新的技术支撑。区块链技术构建的农产品质量安全追溯系统，不仅提高了监管效率，也倒逼农业保险契约规则的精细化重构。卫星遥感、无人机等空间信息技术的发展，使农业风险量化评估从传统的经验判断转向数据驱动的精准测算。这些技术创新显著提升了农业保险产品的科学性和适用性。智能技术的深度应用还改变了制度变迁的参与方式。传统小农户通过移动互联网平台可以便捷地接入现代风险管理体系，参与制度创新的过程更加平等、透明。这种技术赋能使制度供给能够更好地匹配微观主体的实际需求，形成良性互动的制度创新生态。2025 年我国农业保险实现粮食主产区全覆盖的成就，正是技术创新推动制度优化的生动体现。

制度变迁理论对中国农业现代化的解释力主要体现在三个方面：首先，通过产权制度改革突破传统小农经济的低效锁定状态，实现农业生产关系的根本性调整；其次，借助风险分散机制加速土地要素市场化配置，提高资源利用效率；最后，依托技术创新构建现代农业经营体系的制度接口，促进传统农业向现代农业转型。这一理论框架为破解中国城乡二元结构提供了重要的方法论支持。通过持续的制度创新，中国逐步建立起适应现代农业发展的制度体系，包括新型农业经营体系、农业支持保护制度和农村金融服务体系等。这些制度安排既保留了传统农业的合理内核，又吸收了现代市场经济的积极要素，形成了具有中国特色的农业现代化道路。

2.2.4 区域空间结构理论

区域空间结构理论作为现代经济地理学的核心理论框架，系统阐释了特定区域内社会经济要素的空间分布规律及其相互作用机制。该理论体系萌芽于20世纪50年代的区位理论，经过60—70年代的空间经济学发展，最终在90年代初期由克鲁格曼等学者构建起完整的理论框架。其核心要义在于解析地理空间与经济发展的辩证关系，强调自然条件与人类活动的动态耦合过程。从理论构成来看，主要包括三个基本维度：空间分异理论揭示区域差异的形成机理，空间相互作用理论阐释要素流动的驱动机制，空间组织理论探讨区域结构的优化路径。该理论体系包含若干重要分支理论，其中最具代表性的是增长极理论、核心—边缘理论和点轴开发理论。增长极理论由佩鲁提出，系统阐释了非均衡发展的内在逻辑，认为区域经济发展往往始于具有创新能力的核心增长点；核心—边缘理论由弗里德曼发展，强调区域空间结构的层级性特征；点轴开发理论则提出了依托交通干线培育发展轴带的战略思路。这些理论共同构成了分析区域发展问题的多维视角，为理解空间经济现象提供了系统的理论工具。现代区域空间结构理论呈现出三个重要发展趋势：一是研究尺度从宏观区域向微观空间单元延伸；二是分析方法从定性描述向定量建模转变，三是应用领域从传统产业布局向创新生态系统拓展。这些发展使该理论在解释数字经济时代的空间经济现象时展现出更强的适应性，也为制定区域协调发展政策提供了更加科学的理论依据。

中国地域广袤，不同区域受自然地理条件和社会经济因素的影响，形成了显著的农业发展梯度。从空间格局来看，呈现出“东高西低、南优北特”的基本特征：东部沿海地区依托优越的区位条件和市场化机制，已形成高附加值的现代农业产业体系；中部地区作为粮食主产区，农业生产规模大但效益偏低；西部地区受制于自然条件，农业发展呈现特色化、生态化特征；东北地区则凭借肥沃的黑土地资源，成为重要的商品粮基地。这种空间分异是多重因素共同作用的结果。在自然条件方面，地形地貌、气候特征和水资源分布的差异直接影响农业生产方式选择；在基础设施方面，交通网络密度和水利设施完善程度决定了农产品流通效率和抗灾能力；在要素市场方面，金融资本供给、技术人才储备和信息化水平影响着农业现代化进程；在制度环境方面，土地制度创新、政策支持力度和市场化程度影响着农业生产效率。特别值得关注的是，这种空间异质性直接导致了金融资源配置与农业发展需求之间的结构性错配。在农业保险领域，传统产品设计与服务模式难以满足不同区域的差异化需求：东部地区需要覆盖高价值经济作物的创新型保险产品，中部地区要求提高大宗农产品的保障水平，西部地区则需要针对特色农产品的定制化保险方案。这种供需矛盾凸显了基于区域空间结构理论开展差异化政策设计的必要性。

基于区域空间结构理论的分析框架，农业保险与农业现代化的协同发展呈现明显的空间分异特征。这种分异性主要体现在三个层面：在需求结构方面，自然条件差异通过影响农业生产方式与风险暴露程度，塑造了区域差异化的保险需求；在供给能力方面，财政补贴政策、金融基础设施和科技应用水平的空间分布不均衡，影响着保险服务的可获得性；在协同效能方面，制度环境、市场发育和主体素质的区域差异，影响着保险支持农业现代化的实际效果。研究揭示，不同区域的协调度差异具有深刻的地理根源与制度成因。在自然条件优越区域，农业现代化水平较高，对科技赋能的创新型保险产品需求强烈；在生态脆弱区域，农业生产面临更大的自然风险，需要构建政策性保险与生态补偿的联动机制；在传统农区，规模化生产催生了对高保障水平保险产品的需求；在城市郊区，多功能农业发展则需要覆盖产业链风险的综合性保险方案。这种空间分异要求建立差异化的协调发展路径：在东部发达地区，重点强化科技赋能下的保险产品创新，发展指数保险、收入保险等新型产品；在中部粮食主产区，着力提高保障水平，完善大宗农产品成本保险制度；在西部生态脆弱区，构建政策性保险与生态补偿的协同机制；在东北规模农业区，探索覆盖规模经营主体的综合性风险解决方案。这种基于区域比较优势的差异化策略，能够有效提升风险治理效能与农业转型动力。

区域空间结构理论为优化农业保险政策提供了科学的理论支撑。从增长极理论视角出发，应当选择条件成熟的区域优先开展保险创新试点，培育区域性的风险治理增长极，再通过扩散效应带动周边区域发展。从核心—边缘理论来看，需要加强区域间的制度协同和要素流动，缩小核心区与边缘区的发展差距。从点轴开发理论考虑，可以依托重要交通干线构建保险服务走廊，提升服务的可及性和均衡性。具体的政策优化路径应包括四个维度：在空间布局上，建立“核心示范区＋辐射带动区＋特色发展区”的分层推进策略；在产品设计上，开发适应不同区域特点的差异化保险产品体系；在服务网络上，构建覆盖城乡的多层次保险服务基础设施；在支持政策上，实施区域差异化的财政补贴和税收优惠措施。这种基于空间结构规律的政策设计，既符合梯度推进原则，也能有效破解我国农业现代化进程中的区域发展失衡问题。实践表明，在长三角、珠三角等发达地区开展的保险创新试点，通过科技赋能和产品创新，显著提升了风险管理效能；在黄淮海平原等粮食主产区实施的成本保险政策，有效稳定了粮食生产能力；在西南山区推广的特色农产品保险，有力支持了地方特色产业发展。这些实践为完善区域协调发展的政策体系提供了宝贵经验。

第3章

农业保险发展历程和现状分析

基于前文对农业保险与农业现代化理论基础的梳理，本章聚焦农业保险的实践演进。通过回溯国际与中国农业保险的起源，对比不同发展路径的融合特征，系统划分其历史阶段，并剖析当前农险规模、保障水平及可持续性现状。作为耦合协调发展的关键主体之一，农业保险的实践演进为后续分析其与农业现代化的耦合关系奠定基础。

3.1 农业保险的起源

3.1.1 农业保险的国际起源

农业保险作为现代风险管理体系的重要组成部分，其形成与演变深刻反映了人类社会对农业风险认知的深化与制度创新的互动。18世纪欧洲的工业化进程重塑了传统农业社会的风险结构。在蒸汽机的轰鸣声中，农业生产方式开始向集约化转型，农作物商品化程度提升使单一种植风险凸显，传统社区互助机制已难以应对规模化生产带来的损失冲击。这一时期，启蒙运动倡导的理性主义与概率论的发展，为风险量化管理提供了思想工具。数学家伯努利提出的期望效用理论，将不确定性纳入经济决策框架，奠定了保险精算的数学基础。在德国巴伐利亚的葡萄种植区，频发的雹灾催生了最早的制度化风险分散实践。当地农户自发组建的互助组织，突破中世纪行会制度的局限，建立起基于耕地面积和作物价值的保费分级体系。这种新型合作模式具有三个划时代特征：一是确立会员权利义务对等的契约关系；二是采用损失比例分摊的补偿原则；三是构建区域联保的风险池架构。这些创新将传统邻里互助提升为制度化的风险转移机制，标志着农业保险从习俗惯例向现代金融工具的质变。法国则在政府与市场协同方面作出了开创性探索。随着拿破仑法典确立的私有产权制度完善，资本开始向农业领域渗透。巴黎金融家尝试将海运保险模式移植到农业领域，但因缺乏风险数据积累遭遇挫折。这一教训促使立法者认识到农业风险的特殊性，进而通过税收优惠引导民间资本组建全国性互助联盟。该体系创造性地设置省级互助社与国家再保险的双层架构，既保留地方组织的风险识别优势，又通过再保险机制实现风险跨区分散。这种制度设计不仅有效控制道德风险，更开创了巨灾风险证券化的先河。

19 世纪后期形成的殖民经济体系，推动了农业保险理念向新大陆和亚洲扩散。北美大平原开发催生出适应机械化农场的保险需求，但私营资本的逐利性与农业风险的系统性矛盾很快显现。1901 年特大旱灾导致私营保险体系崩溃的惨痛教训，促使美国政府重新审视市场与政府的角色边界。经过数十年立法博弈，最终确立联邦政府提供再保险支持、私营公司具体运营的混合模式。这种制度安排既利用市场机制提升效率，又通过公共财政化解系统性风险，为后来发展中国家的政策设计提供了范式参考。东亚地区在传统农业社会转型中探索出独特的强制保险路径。随着土地改革的推进和农业商品化程度加深，分散的小农经济面临更大的市场风险冲击。日本立法者创造性改造德国互助保险模式，建立起覆盖全国的三级共济组合体系。该体系通过法律强制参保确保风险池规模，运用国库补贴平衡区域风险差异，借助行政力量构建起从村落协同到全国统筹的分层管理体系。这种政府深度介入的模式，既保留了互助保险的社区治理优势，又通过财政转移支付实现风险社会化分担，成为后发国家农业保险制度建设的典型样本。英国在其殖民体系内推行指数保险创新。为应对热带殖民地种植园管理的特殊性，精算师开发出以区域平均产量为赔付基准的新型产品。这种设计巧妙规避了个体查勘的高成本难题，将保险赔付与客观指标直接挂钩。尽管存在基差风险缺陷，但该模式在降低交易成本方面的突破，为后来天气指数保险在全球的推广奠定了技术基础。

冷战时期地缘政治格局的重塑，推动农业保险向技术密集型方向演进。美苏农业竞赛刺激双方加大农业科技投入，遥感监测、气象预测等军事技术开始民用化转型。1972 年地球资源卫星的发射，使大范围作物长势监测成为可能，精算师得以建立基于历史产量和气候数据的风险模型。这种技术变革彻底改变了经验定价模式，推动保险产品从单一灾种向综合风险保障升级。美国政府在此背景下推出的多险种捆绑产品，首次将干旱、洪水、病虫害等系统性风险纳入可保范围，标志着农业风险管理进入全面保障新阶段。欧洲一体化进程加速了农业保险的制度创新。1992年共同农业政策改革将生态补偿与保险补贴挂钩，建立起环境友好型农业的激励约束机制。德国开发天气衍生品实现气候风险对冲，法国设立巨灾基金应对跨年度的系统性危机，荷兰试验收入保险稳定农户预期收益。这些创新实践突破传统损失补偿框架，将保险功能延伸到农业生产要素配置和生态环境保护领域，推动农业保险向综合风险管理工具转型。

3.1.2 中国农业保险的早期探索

中国作为农耕文明的发源地，在漫长的历史进程中形成了独具特色的农业风险管理体系。这种以灾害防御为核心的社会治理智慧，既根植于传统农耕社会的生产特性，也体现了中华文明“未雨绸缪”的生存哲学。中国农业风险管理的早期探索折射出不同历史阶段的社会治理逻辑与技术进步水平，为理解国家与农民的关系提供了独特视角。

古代农业风险管理思想的萌芽可追溯至早期国家形态的形成时期。西周王朝构建的礼制体系中，已显现出制度化的灾害应对机制。《周礼》记载的“委积”制度，本质上是建立在分封制基础上的区域性风险储备体系。各诸侯国按照“县都之委积以待凶荒”的原则，在丰年按比例征收粮食储备，形成覆盖城郊至边陲的六级仓储网络。这种“以丰补歉”的调控思想，不仅开创了政府主导的粮食安全体系，更通过“施惠”理念将社会保障纳入国家职能范畴。至战国时期，李悝在魏国推行的“平籴法”，首次将价格调控机制引入粮食管理体系，通过政府干预平衡市场供需，标志着古代风险管理从单纯储备向市场调节的演进。汉代建立的“常平仓”制度将风险管理提升至国家战略层面。汉武帝时期推行的均输平准政策，在郡国级行政单位设立常平仓，运用“贵时抛售、贱时收储”的市场手段稳定粮价。这种制度创新将财政手段与市场规律相结合，既保障了农民的基本收益，又维护了城市居民的生活稳定，形成了古代社会特有的“以商养农”风险缓冲机制。与之并行的“假民公田”制度，则通过国有土地租赁方式为灾民提供生产自救机会，展现出古代政府灾后重建的系统思维。隋唐时期推行的“义仓”制度标志着古代风险管理向法治化阶段迈进。隋文帝开皇五年诏令“诸州百姓及军人，劝课当社，共立义仓”，首次以法律形式规定每户按“亩纳二升”的标准缴纳储备粮。唐代完善了义仓管理体系，明确“不熟之处依法赈给”的救助原则，建立从中央太府寺到州县仓曹的垂直管理系统。这种强制性储蓄制度突破了以往自愿捐献的局限，通过立法手段构建起覆盖全国的粮食安全保障网。宋代在此基础上发展出更为精细的“青苗法”，将粮食储备与农业信贷相结合，在春耕时节向农民贷放粮种，秋收后加息偿还，既缓解了生产资金短缺，又实现了储备粮的保值增值。

古代知识精英对风险管理理论的总结提炼，使实践经验升华为系统的治理思想。南宋理学家朱熹在《荒政备览》中提出“救灾之道，以预防为本”的治理理念，强调灾前防御体系的建设应当优于灾后救济措施。这种思想突破将风险管理从被动应对转向主动预防，推动了宋代水利工程建设高峰期的出现。明代徐光启在《农政全书》中提出并系统论述了“备荒三策”，主张建立“常平仓、义仓、社仓”三级储备体系，形成政府储备与民间互助相结合的风险共担机制。这些理论成果不仅指导着封建社会的灾害应对实践，更为近代农业保险制度的引入提供了文化土壤。

中国近代农业保险的制度化探索始于社会剧烈变革的 20 世纪初期。随着西方保险思想的传入和民族资本主义的发展，传统仓储制度已难以应对工业化冲击下的农业风险。20 世纪 30 年代，在乡村建设运动的推动下，具有现代保险特征的农业风险分散机制开始萌芽。1934 年由金融机构与农业院校合作开展的互助保险试点，首次将精算原理应用于农业生产领域。这种新型风险转移模式突破地域限制，通过大数法则实现风险在更大范围内的分散，标志着中国农业风险管理开始从政府包办向市场机制转型。国民政府时期的农业保险试验呈现鲜明的时代特征。在“实业救国”思潮影响下，政府主导的保险机构尝试将工业保险模式移植到农业领域，先后推出涵盖种植业和养殖业的多个险种。这些早期实践虽然因战争环境和技术局限未能持续，但在组织架构和运营模式上积累了宝贵经验。特别是对保险费率厘定、损失评估等专业技术的初步探索，为后续制度设计提供了重要参考。此时期的理论建设取得突破性进展，学界开始系统研究农业保险的特殊性，提出政府财政支持与市场机制相结合的运作框架，这些理论成果对当代政策性农业保险制度的形成具有启蒙意义。新中国成立初期，农业保险被纳入社会主义经济建设的整体布局。在计划经济体制下，保险机构作为国家财政的延伸工具，承担着稳定农业生产和积累建设资金的双重使命。50年代开展的牲畜保险试点，通过行政动员手段迅速扩大覆盖面，短期内形成规模效应。这种“国家统保”模式虽然缺乏精算基础，但在恢复战后农业生产方面发挥了重要作用。随着集体化运动的深入，农业风险逐步被纳入人民公社的保障体系，这种制度变迁反映出计划经济时代对风险管理的特殊理解。

3.1.3　发展路径的对比和融合

全球农业保险模式呈现鲜明的制度多样性：德国以“互助合作社”为基础，强调社区共济与风险内化；美国依托“联邦农作物保险公司构建“政府兜底＋商业分包”体系，通过巨灾债券实现风险证券化；日本采用“强制参保＋三级共济”架构，政府承担50%保费与再保险责任；中国则独创“中央补贴＋省级统筹＋商业经办”的复合模式，2023年政策性业务占比达95%。

这种差异源于农业结构的深层影响。德国小农经济与家庭农场主导，互助制契合其组织形态；美国大农场规模化经营，市场化保险更易实现风险对冲；日本兼业农户占比高，强制参保确保制度可持续性；中国小农户分散性与地域差异性并存，“政府主导”成为平衡效率与公平的必然选择。值得注意的是，数字化正推动制度趋同：中国“农业保险信息化平台”整合2.4亿亩耕地数据，实现承保到户精确率99.7%；美国推出“数字田块保险”，基于物联网实时调整费率；欧盟通过区块链实现跨国产险数据共享，全球农业保险进入“精准化 + 智能化”新纪元。

中国的制度创新尤其值得关注。广东探索的“特色农产品保险”模式，如珠海白蕉海鲈“价格指数 + 地理标志”复合险、梅州金柚“产量 + 品质”双保障险，将保险范围从自然风险扩展到市场风险与品牌价值。2023 年广东特色农险品种超 400 个，保费占比达 40%，“保险 + 期货”“保单质押贷款”等衍生工具更打通了农业与金融市场的链接。这种“地方试点—中央总结—全国推广”的渐进式改革路径，为发展中国家提供了制度创新的中国方案。

3.2 农业保险发展历程

我国农业作为国民经济的基础产业，长期面临着自然与市场的双重风险挑战。农业保险作为分散农业风险、稳定农民收入保障国家粮食安全的重要手段，其发展历程紧密贴合农业产业变革与国家战略规划。自改革开放以来，中国农业保险经历了从市场探索到政策主导、从基础覆盖到全面升级的深刻转型。这一过程可划分为四个关键阶段，即恢复与试点阶段（1982—2003 年）、政策性农业保险起步阶段（2004—2012 年）、法治化与快速发展阶段（2013—2018 年）、创新发展与全面升级阶段（2019 年至今）。这一演进过程不仅反映了农业保险保障水平的逐步提升，更彰显了其在应对复杂风险、助力农业可持续发展以及保障农民基本收益方面的关键作用。

3.2.1 恢复与试点阶段（1982—2003 年）

我国农业保险的恢复与试点阶段是在改革开放初期特定历史背景下展开的重要探索。这一时期的农业保险发展呈现明显的市场化特征与局限性，为后续政策性转型提供了宝贵经验。从历史背景来看，1982 年农业保险业务重启具有深刻的经济社会动因。家庭联产承包责任制的全面推行，使农业生产组织形式发生根本性变革，农户成为独立经营主体，风险意识逐渐增强。与此同时，农产品统购统销制度的松动，使农民开始面临市场波动风险。在这种双重风险压力下，农业保险作为风险管理工具的价值开始显现。中国人民保险公司作为当时唯一的保险机构，率先在部分地区开展农业保险试点。试点品种选择具有明显的经济导向性，主要集中在棉花、烟叶等高价值经济作物和生猪、奶牛等商品化养殖品种。这种选择反映了当时"以工补农"的发展思路，希望通过保障经济价值较高的农畜产品，提升农业保险的商业可持续性。1986 年新疆生产建设兵团成立专业农业保险公司，是我国农业保险组织创新的首次尝试。兵团特有的规模化、机械化农业生产方式，为农业保险提供了相对理想的实施环境。区域性保险产品的开发，体现了因地制宜的风险管理理念，这种模式在黑龙江农垦等大型国有农场系统得到推广。然而，这一阶段的农业保险发展面临严峻挑战。由于缺乏财政补贴机制，保险公司不得不通过提高费率来平衡高赔付压力。在 20 世纪 80 年代中后期，农业保险平均费率高达 8%—15%，远高于其他财产保险产品。高费率导致参保门槛提升，形成"高风险—高费率—低覆盖"的恶性循环。在 20 世纪 90 年代，农业保险年均赔付率持续超过 120%，部分年份甚至突破 150%，商业保险公司普遍陷入亏损困境。

在制度探索方面，这一时期的农业保险发展呈现明显的自发性特征。各地根据当地农业生产特点和风险状况，尝试了多种组织形式和经营模式。部分地区采用保险公司与地方政府合作的方式，通过行政推动来提高参保率；有些地区则尝试建立互助合作性质的保险组织，强调农民自主参与和风险共担。这些探索虽然未能从根本上解决农业保险发展面临的系统性难题，但为后续制度创新提供了丰富的实践样本。值得注意的是，这一阶段的理论研究也开始关注农业保险的特殊性，学者们对农业风险的可保性、政府角色定位等基础性问题进行了深入探讨，为政策制定提供了理论支撑。从产品发展角度看，恢复与试点阶段的农业保险产品设计经历了从简单到复杂的演变过程。初期产品主要采用产量保险的形式，保障程度较低，保险责任相对单一。随着实践经验的积累，产品种类逐步丰富，出现了成本保险、价格保险等创新形式。在理赔方式上，也从最初的实地查勘定损，发展到尝试运用抽样调查、区域产量测定等方法，提高了理赔效率。这些产品创新虽然受制于当时的技术条件和管理水平，未能实现大规模推广，但为后续产品体系完善积累了宝贵经验。在技术应用方面，这一阶段开始尝试将现代风险管理技术引入农业保险实践。保险公司与农业科研机构合作，开展农业风险区划研究，初步建立了基于历史损失数据的风险评估方法。部分地区尝试运用气象数据、作物生长模型等工具来辅助核保定价，提高了风险管理的科学性。虽然这些技术应用还处于起步阶段，数据积累和分析方法都较为初级，但标志着中国农业保险开始向专业化、科学化方向发展。从市场培育角度看，这一阶段的重要成就是初步建立了农业保险的市场认知。通过持续的宣传推广和试点示范，农民的风险意识和保险观念得到提升，为后续发展奠定了群众基础。保险机构也在实践中培养了一批专业人才，积累了宝贵的市场开拓经验。这些软实力的积累，对农业保险的长期发展具有深远意义。

在政策环境方面，这一阶段虽然尚未形成系统的农业保险支持政策，但相关制度探索已经开始。1993 年颁布的《中华人民共和国农业法》首次从法律层面明确了农业保险的地位，1995 年实施的《中华人民共和国保险法》为农业保险经营提供了基本规范。这些法律制度的建立，为农业保险发展创造了初步的制度框架。同时，学术界和政策研究机构开始关注国外农业保险发展经验，对美国、加拿大、日本等国的模式进行研究，为后续政策制定提供了国际借鉴。在组织体系方面，这一阶段的探索为农业保险经营主体的多元化奠定了基础。除中国人民保险公司外，新疆兵团保险公司等专业机构的出现，丰富了农业保险的组织形式。部分地区尝试建立的互助保险组织，也为后续互助保险发展提供了参考。这些组织创新虽然规模有限，但打破了单一主体垄断的格局，促进了市场竞争和服务改善。从风险管理角度看，这一阶段暴露出的系统性风险问题，促使业界开始重视大灾风险分散机制的建立。部分保险公司尝试通过再保险等方式来分散风险，但由于缺乏政策支持和资金保障，效果有限。这些实践使人们认识到，农业保险的特殊风险需要特殊的制度安排，这为后续建立中央财政支持的大灾风险分散机制提供了实践依据。

在服务网络建设方面，这一阶段的农业保险主要依托现有保险机构网点开展业务，专业化的农业保险服务体系尚未形成。由于农业保险业务的特殊性和复杂性，传统保险销售模式难以满足需求，这促使保险公司开始探索适合农村特点的服务方式。一些地区尝试与农业技术推广部门合作，将保险服务与技术指导相结合，取得了较好效果。这些服务创新为后续专业化服务体系建设提供了思路。从精算技术发展看，这一阶段初步建立了农业保险的数据积累和分析体系。保险公司开始系统收集农业生产和灾害损失数据，尝试建立精算模型。但由于历史数据缺乏和农业风险的特殊性，精算基础仍然薄弱。这一时期的精算实践虽然不够成熟，但为后续精算体系建设奠定了基础，也促使业界更加重视数据积累和风险研究。

在监管体系方面，这一阶段的农业保险监管主要沿用一般商业保险的监管框架，尚未建立适应农业保险特点的专门监管制度。随着实践发展，监管部门开始关注农业保险的特殊性，在条款审批、费率监管等方面采取差异化措施。这些监管探索为后续建立专门的农业保险监管制度积累了经验。从发展阶段特征看，恢复与试点阶段的农业保险呈现明显的探索性和过渡性特征。这一阶段既是对计划经济时期农业保险实践的延续和发展，又是对市场经济条件下农业保险新模式的探索。虽然面临诸多困难和挑战，但这一阶段的实践为后续发展提供了重要启示：农业保险的发展必须与农村经济体制改革相适应，必须处理好政府与市场的关系，必须建立符合农业风险特点的特殊制度安排。这些认识的形成，标志着中国农业保险发展理念的逐步成熟。从产品创新趋势看，这一阶段后期开始出现从传统产量保险向收入保险转变的苗头。随着农产品市场化程度提高，价格风险日益凸显，单纯的产量保险已不能满足农户需求。部分地区尝试开发保障收入的产品，将产量和价格风险同时纳入保障范围。这种创新虽然受制于当时条件未能广泛推广，但代表了农业保险产品发展的方向，为后续收入保险试点奠定了基础。

在信息化建设方面，这一阶段开始尝试将信息技术应用于农业保险管理。部分保险公司开发了专门的业务管理系统，提高了承保理赔效率。但由于农村信息化基础设施薄弱，技术应用受到限制。这些早期探索为后续农业保险信息化建设积累了经验，也凸显了加强农村信息化建设的重要性。从发展成效评估看，恢复与试点阶段的农业保险虽然在覆盖面和可持续性方面存在不足，但其历史意义不容忽视。这一阶段重新确立了农业保险在农村风险管理体系中的地位，积累了宝贵的实践经验，培养了一批专业人才，为后续快速发展奠定了基础。更重要的是，这一阶段的探索使各方认识到农业保险的特殊性和复杂性，为后续政策转型提供了实践依据。

3.2.2 政策性农业保险起步阶段（2004—2012 年）

中国政策性农业保险的起步阶段（2004—2012 年）标志着我国农业风险管理制度实现了历史性跨越。这一时期的发展轨迹深刻反映了社会主义市场经济体制下政府职能转变与市场机制创新的互动关系，展现了从传统救灾模式向现代风险治理体系转型的制度逻辑。作为国家支农政策体系的重要组成部分，政策性农业保险的制度建构不仅关乎亿万农户的切身利益，更承载着保障粮食安全、促进农村社会稳定的战略使命。

政策性农业保险的制度化进程始于国家治理理念的深刻变革。进入 21 世纪后，“三农”问题成为制约现代化建设的突出短板，传统以价格支持为主的农业保护政策面临 WTO 规则约束和财政可持续性挑战。2004 年中央一号文件首次将农业保险纳入国家支农政策体系，这一决策突破具有多重制度意涵：其一，标志着农业支持政策从直接干预向市场机制转型；其二，确立了风险保障作为农业基础性支持手段的战略地位；其三，开启了政府、市场与社会协同治理的创新探索。这种政策转向既顺应国际农业支持政策改革的趋势，又体现了中国式农业现代化的路径选择。制度框架的顶层设计遵循渐进式改革逻辑。2007年中央财政启动保费补贴试点，选择六大粮食主产省区进行政策试验，这种空间渐进策略有效控制了改革风险。试点政策明确“政府引导、市场运作”的基本原则，构建起财政补贴与市场机制相结合的制度框架。政策设计者创造性地采用“定额补贴”方式，既保持政策支持的确定性，又避免对市场机制的过度干预。地方政府配套补贴机制的设立，既调动了地方积极性，又强化了财政责任分担。农民自缴比例的上限控制，则体现了普惠金融的政策导向。这种多层次、差异化的制度安排，为后续政策升级预留了弹性空间。法律体系的配套完善为制度运行提供了法治保障。2009年《农业保险条例（草案）》的出台，首次从法律层面确认政策性农业保险的准公共产品属性。条例明确界定政府与市场的职责边界，规范财政补贴资金使用，确立大灾风险分散机制的法律地位。监管部门同步出台《农业保险经营条件管理办法》，建立市场准入与退出机制，推动保险机构服务能力建设。这种制度建构路径呈现“政策先行、立法跟进”的典型特征，反映了转型期制度创新的实践智慧。

财政补贴机制的设计体现了现代公共财政理念的创新突破。中央财政补贴采取“比例分担、动态调整”的运作模式，根据农产品战略重要性和区域发展水平实施差异化补贴政策。对关系国家粮食安全的水稻、小麦等主粮作物实施最高补贴比例，对地方特色农产品实行弹性补贴机制。这种分类施策的方法既保证了重点农产品的保障水平，又兼顾了区域农业发展的多样性需求。补贴资金管理机制实现重大制度创新。建立财政补贴资金“申报—审核—拨付”的全流程监管体系，引入第三方审计和绩效评价制度。2010年实施的补贴资金国库集中支付制度，有效防止了资金截留挪用风险。财政部门与保险监管机构建立信息共享机制，通过大数据分析动态监测补贴资金使用效率。这种精细化管理模式将传统粗放式财政支农方式转变为精准滴灌的政策工具。地方政府配套补贴机制的设计强化了政策协同效应。中央财政通过转移支付激励地方政府提高配套比例，形成“中央定标准、地方抓落实”的协作机制。东部经济发达地区探索保费补贴与信贷担保联动模式，中西部省份试点补贴资金整合使用机制。这种差异化实践既维护了政策统一性，又尊重了地方创新自主权，形成多元化的政策实施路径。

保险覆盖面的扩展呈现战略递进特征。初期阶段重点保障粮食主产区和主要农产品，确保国家粮食安全底线。随着制度运行成熟，逐步将保险范围向经济作物、养殖业和特色农业延伸，形成“保大宗、促特色”的保障格局。区域布局实施“梯度推进”策略，从粮食主产区向全国辐射，从平原地区向丘陵山区扩展，构建起覆盖主要农业产区的风险保障网络。产品体系创新反映农业发展阶段特征。起步阶段以“物化成本保险”为主打产品，保险金额覆盖种子、化肥等直接生产成本。这种设计既符合当时小农经济的生产特点，又兼顾财政承受能力。随着农业规模化经营发展，逐步推出保额更高的产量保险试点，探索从成本保障向收入保障过渡的技术路径。产品创新过程中注重精算技术本土化，建立符合中国农业生产特点的风险评估模型。市场主体培育取得显著成效。在政策激励下，专业农险公司从 2 家增至 5 家，综合性保险公司普遍设立农业保险事业部。保险机构服务网络向县域下沉，至 2012 年乡镇级服务网点覆盖率达 68%。建立农业保险专属销售队伍，培养专业核保理赔人员 1.2 万人。市场主体的快速发展为制度实施提供了组织保障，推动农业保险从政策设计转化为现实生产力。

风险数据库建设取得突破性进展。整合农业、气象、国土等部门数据资源，建立覆盖主要农作物的生产风险数据库。开发农业风险评估模型系统，实现区域风险等级的科学划分。2011 年建成全国农业保险信息管理平台，实现承保理赔数据的实时监测。这些基础性工作为精准定价和风险管理提供了技术支撑。大灾风险分散机制初步建立。构建“直保公司自留、再保市场分保、巨灾准备金计提”的三层风险分散体系。推动成立中国农业保险再保险共同体，提升国内风险消化能力。探索天气指数保险等新型风险转移工具，试点发行巨灾债券。这种多层次风险分散安排增强了制度的可持续性。理赔服务模式实现了重要创新。推广无人机查勘、卫星遥感定损的科技理赔手段，将传统人工查勘效率提升 3 倍以上。开发移动端自助报案系统，建立“保险 + 期货”的创新型风险管理模式。这些技术创新不仅提高了服务效率，更重塑了农业保险的产业生态。

政策实施取得显著经济社会效益。农业保险深度从 2007 年的 0.16% 提升至 2012 年的 0.8%，风险保障水平实现跨越式增长。保险赔款支出累计达 680 亿元，有效补偿了自然灾害损失。更为重要的是，农业保险显著改善了农村金融生态，带动涉农信贷规模增长 1200 亿元，形成“保险增信、信贷跟进”的良性循环。同时，制度运行中也暴露出结构性矛盾亟待破解。区域发展失衡问题突出，东部沿海地区保险密度达到国际中等水平，而西部欠发达地区仍处于初级阶段。保障水平与现代农业发展需求存在差距，物化成本保险难以满足新型经营主体的风险保障需求。市场机制作用尚未充分发挥，部分区域存在过度依赖行政推动的现象。财政补贴的边际效应呈现递减趋势。随着补贴规模扩大，财政资金使用效率问题逐渐显现。部分地区出现虚假投保、虚增面积等道德风险，补贴资金的“漏损效应”需要制度性防范。如何平衡政策普惠性与财政可持续性，成为制度深化面临的重要课题。

这个承前启后的历史阶段，为中国农业保险制度的现代化转型奠定了坚实基础。政策框架的建构过程深刻体现了社会主义市场经济条件下政府与市场关系的动态调整，展现了中国特色农业支持保护制度的创新活力。在乡村振兴战略全面推进的新时代背景下，这段制度探索积累的宝贵经验，将继续指引中国农业保险向着更高水平迈进。

3.2.3　法治化与快速发展阶段（2013—2018 年）

法治化与快速发展阶段是我国农业保险走向成熟的关键时期，制度完善、技术创新和保障升级成为这一阶段的突出特征。农业保险开始从单纯的风险管理工具向综合性农业支持政策转变。这一时期的农业保险发展呈现系统性、整体性和协同性的特点，形成了政策支持、市场运作、科技赋能、法治保障的良性发展格局。

2013 年《农业保险条例》的颁布实施开启了农业保险发展的法治化

新纪元。作为首部专门性行政法规，该条例的系统性制度设计体现在三个维度：其一，确立“政府引导、市场运作、自主自愿、协同推进”的基本原则，厘清政府与市场的职能边界；其二，构建财政补贴预算制度，将保费补贴纳入中央和地方财政年度预算，确保政策支持的连续性与稳定性；其三，创设大灾风险分散机制，明确建立多层次风险分担体系的法律义务。这些制度创新从根本上解决了前期发展中存在的权责不清、财政支持随意性大等问题，为行业可持续发展奠定了法治基础。

监管体系的完善同步推进。保险监管部门出台《农业保险经营条件管理办法》，建立市场准入的量化标准，对保险机构的服务网络、专业人才、信息系统等实施动态考核。2015 年修订的《农业保险承保理赔管理办法》，规范业务操作流程，强化信息披露要求。监管科技的应用显著提升，建成全国农业保险信息管理平台，实现承保数据、理赔记录、资金流向的实时监测。这种“制度 + 科技”的双重约束机制，有效遏制了虚假承保、违规赔付等市场乱象。地方政府配套立法取得突破。各省份相继出台农业保险实施办法，结合区域农业特点细化制度安排。例如，粮食主产区重点强化三大主粮作物保障条款，经济作物优势区创新特色农产品保险支持政策，牧区省份完善草原生态保险制度。这种差异化的地方立法实践，既维护了国家法律统一性，又增强了制度实施的区域适配性。

中央财政补贴政策实现结构性优化。实施区域差异化补贴策略，将中西部省份中央财政补贴比例提高至 45%，东部地区维持 35%，体现对粮食主产区和经济欠发达地区的政策倾斜。建立动态调整机制，根据农产品成本变动指数每两年修订补贴标准，确保保障水平与生产成本同步增长。对产粮大县实施奖励性补贴，形成“多种多补、优质优补”的激励机制。补贴范围与方式实现多维创新。在原有物化成本保险基础上，将补贴品种扩展至地方特色优势农产品，涵盖区域地理标志产品和民族特色作物。试点收入保险补贴政策，对新型农业经营主体给予保费补贴上浮支持。创新“以奖代补”模式，对保险机构开发创新型产品给予研发补贴。这些政策工具的组合运用，显著提高了财政资金的使用效能。补贴资金管理迈向科学化。建立“预算编制—绩效评价—审计监督”的全流程管理体系，引入第三方机构开展资金使用效率评估。2017 年实施补贴资金直达机制，通过国库集中支付系统直接拨付至投保农户账户，减少中间环节资金损耗。开发财政补贴大数据分析平台，实时监控资金流向，防范套取补贴等道德风险。

传统保险产品实现保障升级。物化成本保险的保障范围从直接生产成本扩展到土地流转费用、农机作业成本等新型生产要素，保额年均增长率保持在 8% 以上。试点完全成本保险，探索覆盖物质与服务费用、人工成本和土地成本的全面保障模式。开发产量保险产品，以区域历史平均产量为基准建立浮动保额机制。价格风险管理工具取得突破。“保险 + 期货”模式通过金融工具创新实现双重风险转移：保险公司承保农产品价格波动风险，再通过场外期权将风险转移至期货市场。这种跨市场风险分散机制，既破解了农产品价格保险的定价难题，又打通了农业与资本市场的连接通道。配套建立交易所专项补贴基金，降低新型经营主体的参与成本。指数保险技术实现本土化创新。研发适合中国农业生产特点的气象指数模型，构建包含降雨量、积温、干旱指数等多参数的风险触发机制。在草原牧区推广载畜量指数保险，在设施农业领域试点光照指数保险。这些技术创新有效解决了传统保险中的定损争议，将理赔周期缩短 60% 以上。

空间信息技术重塑风险管理流程。构建“天—空—地”一体化监测体系，综合运用高分卫星、无人机航拍和地面物联网设备，实现作物长势监测、灾害损失评估的精准化。开发人工智能定损模型，通过机器学习算法自动识别受灾区域与损失程度，定损精度达到 90% 以上。在东北粮食主产区，数字化定损使查勘效率提升 5 倍。移动互联技术推动服务模式转型。开发农业保险专属 APP，集成电子保单、自助报案、理赔进度查询等功能，农户足不出户即可完成全流程操作。搭建线上培训平台，制作多媒体教学资源，提升农户风险意识与保险认知。在偏远地区推广移动服务车模式，实现“最后一公里”服务覆盖。区块链技术应用取得初步成效。建立电子保单存证系统，确保保险合同的不可篡改性。试点智能合约自动理赔，当气象站数据触发赔付条件时，系统自动启动理赔程序。在茶叶气象指数保险中，区块链技术的应用使理赔到账时间压缩至 24 小时内。

保险覆盖实现量质齐升。全国保费规模突破 500 亿元大关，年均增速保持两位数。三大主粮作物保险覆盖率从 65% 提升至 75% 以上，重要畜产品保险试点扩展至主要养殖基地。开发新型经营主体专属保险产品，家庭农场、合作社参保率超过 80%。在深度贫困地区实施扶贫保险专项计划，实现建档立卡贫困户应保尽保。市场组织体系趋向完善。专业农险公司增至 7 家，综合性保险公司普遍建立农险事业部。培育基层服务组织 2.3 万个，形成“县有中心、乡有站点、村有专员”的三级服务网络。建立农业保险专家库，吸纳农艺师、气象学家等跨领域人才 2000 余人。行业从业人员专业资质持证率从 45% 提升至 78%。风险保障水平显著提高。亩均保额年均增长 12%，部分高产区域达到完全成本覆盖水平。开发多层次产品体系，形成“基本险 + 附加险”“成本险 + 收入险”的组合产品矩阵。在农产品价格保险领域，保障范围从单品种向产业链延伸，试点开展“保险 + 订单农业”模式。

但这一时期，普惠性服务存在结构失衡。小农户参保率提升缓慢，50 亩以下经营主体参保比例不足四成。传统产品与新型经营需求错配，规模化经营主体的收入保障需求尚未有效满足。区域发展差异依然显著，西部地区保险密度仅为东部地区的三分之一。风险分散机制亟待完善。再保险安排过度依赖国际市场，国内风险消化能力不足。大灾风险准备金积累速度滞后于风险暴露增速，极端天气条件下的偿付压力凸显。跨部门风险信息共享机制不健全，影响巨灾模型构建精度。技术创新面临应用瓶颈。遥感定损技术在高附加值经济作物领域的适用性有待提升，复杂地形条件下的监测精度需要改进。区块链技术的规模化应用受制于基础设施不足，农村地区数字鸿沟问题仍然突出。

这一时期的历史实践证明，法治化建设与技术创新是驱动农业保险现代化的双轮。在乡村振兴战略深入推进的新时代背景下，中国农业保险正朝着保障精准化、服务智能化、制度协同化的方向持续进化，为全球农业风险管理贡献着东方智慧。

3.2.4 创新发展与全面升级阶段（2019年至今）

创新发展与全面升级阶段标志着我国农业保险进入高质量发展新阶段。这一阶段通过政策体系完善、技术创新深化、保障水平跃升和服务模式变革，构建起全球规模最大、覆盖最广的农业保险体系。这一进程不仅体现了国家战略的顶层设计智慧，更彰显了市场机制与科技赋能的协同效应。

在政策层面，系统性制度创新为农业保险发展注入持续动力。2019年《关于加快农业保险高质量发展的指导意见》首次提出从“保成本”向“保收入”转型的战略目标，2020年启动的完全成本保险试点将小麦亩均保额从400元提升至1000元，覆盖地租、人工等全要素成本。2022年收入保险试点的推出，标志着保障范围拓展至市场风险领域，为农户提供80%收入差额补偿。2025年中央“一号文件”进一步提出“农业新质生产力”概念，要求三大主粮完全成本保险覆盖所有产粮大县，保额提升至每亩2000元以上，并首次将智慧农业、无人农场等新业态纳入保险支持范畴。政策体系的持续完善体现在多层次制度设计中：2023年修订的《农业保险条例》强化合规监管，建立全国统一的经营评价体系；2024年《关于推进普惠保险高质量发展的指导意见》细化“扩面、增品、提标”实施路径，推动特色农产品保险与收入保险协同发展。这些政策突破不仅提升了保障水平，更通过财政补贴直达机制（2023年中央与地方财政补贴占比达72%）和风险分散制度创新（如巨灾债券发行），构建起政府主导、市场运作、科技支撑的现代保险治理体系。

技术创新与数字化转型正在重塑农业保险的价值链。无人机集群、卫星遥感、区块链和人工智能等前沿技术的深度应用，推动风险评估精度与效率实现跨越式提升。吉林省建立的无人机病虫害监测网络，通过5G实时传输数据，将灾害预警时效从7天缩短至2天；浙江省的区块链智能合约系统，实现茶叶品质与气象数据的自动关联理赔，效率提升90%；平安产险开发的机器学习模型整合30年产量数据和200项气候因子，使预测准确率突破92%。数字化转型成效显著：全国农业保险公共服务平台接入2.6亿亩耕地数据，实现承保到户精确率99.7%；遥感技术覆盖98%的农作物监测区域，电子化服务普及率达85%，财政资金拨付周期压缩至7个工作日。这些技术突破不仅降低了运营成本（2023年行业综合成本率下降至82%），更催生出“风险减量管理”新模式——2025年全国保险机构投入20亿元实施1.2万个防灾项目，在东北黑土地推广秸秆还田技术降低风蚀损失，在长江流域建设智能排涝系统应对洪涝风险，推动农业保险从被动赔付转向主动防控。

市场发展与服务升级彰显制度效能。2023年全国农业保险保费规模突破1400亿元，风险保障金额达5.4万亿元，参保农户超2亿户次，三大主粮覆盖率逾80%，农业保险深度（保费/第一产业增加值）达1.2%，接近发达国家水平。特色农产品保险快速发展，新疆棉花、海南橡胶保险渗透率超过60%，广东荔枝“品质+价格”双触发保险、宁夏枸杞气候指数保险等创新产品占比提升至35%。服务范畴从传统种养业向全产业链延伸：2025年为高标准农田建设、深远海养殖等新业态提供5万亿元风险保障；832个脱贫县重点发展咖啡、中药材等特色保险，云南咖啡保险引入纽约期货价格联动机制，新疆棉花保险与纺织企业签订保底收购协议。金融工具融合创新成效显著：“保险+期货”项目在13个省份试点，2024年赔付率超90%，云南橡胶期权对冲实现风险市场化分散；“保单质押贷款”规模达800亿元，贷款利率优惠20%，激活农村金融活力。区域协调发展机制逐步完善，中央财政通过转移支付将西部补贴比例提至50%，推动其保险密度从40元/亩增至75元/亩，小农户参保率通过“整村统保”模式从32%提升至58%。

3.3 农业保险发展现状

我国作为世界农业大国，农业生产活动长期面临着自然灾害和市场波动的双重风险挑战。自2002年以来，中央一号文件连续21年对农业保险发展作出重要部署，政府工作报告也多次强调要完善农业保险制度。在国家政策的有力推动下，特别是2007年财政部启动农业保险保费补贴政策后，我国农业保险发展取得了显著成就。据统计，中央财政累计投入农业保险补贴资金已超过3000亿元，年均增幅保持在22%的高位水平。这些政策支持有效促进了农业保险覆盖范围的持续扩大、产品种类的日益丰富以及保障水平的稳步提升。在当前发展阶段，农业保险已经成为维护农民收入稳定、支持乡村振兴战略实施、保障国家粮食安全的重要政策工具，在农业农村现代化进程中发挥着不可替代的作用。

3.3.1 农险发展规模

我国农业保险市场规模呈现持续快速扩张的发展态势。在2007—2023年的17年间，农业保险保费规模实现了从51.8亿元到1430亿元的历史性跨越，年均复合增长率高达28.6%，这一增长速度在全球农业保险发展史上都是罕见的。特别值得关注的是，2020年我国农业保险保费收入首次超越美国，成为全球最大的农业保险市场，这标志着我国农业保险发展水平已经跻身世界前列。与此同时，农业保险服务的覆盖面也在持续扩大，接受农业保险服务的农户数量从2007年的4981万户次增长到2023年的1.64亿户次，增长了近3.3倍。在风险保障功能方面，农业保险年度赔款支出从32.8亿元增加到1124亿元，增长了34倍多（详见图3－1）。在近年来多次重大自然灾害事件中，如江浙沪地区台风灾害、河南特大暴雨灾害等，农业保险都及时发挥了经济补偿功能，有效帮助受灾农户恢复生产生活，充分体现了农业保险强农惠农的政策效果。从区域发展来看，东部沿海省份农业保险发展水平相对较高，中西部地区也在加速追赶，呈现区域协调发展的良好态势。

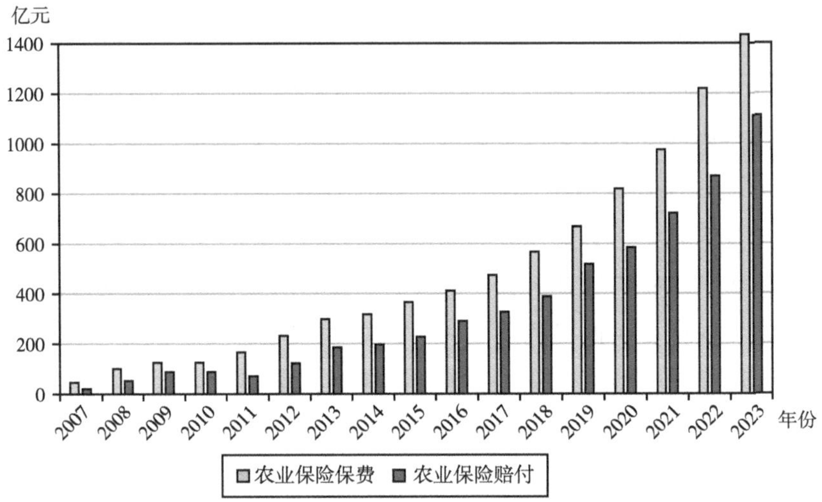

图 3－1　农业保险保费和农业保险赔付情况

3.3.2　农险保障水平

农业保险保障水平可以通过保险密度和保险深度两个核心指标进行衡量。农业保险密度反映的是人均农业保险费用支出水平，能够直观体现一个地区居民对农业保险的参与程度和接受程度。农业保险深度则是指农业保险保费收入与第一产业增加值的比值，这一指标能够反映农业保险在国民经济体系中的重要程度。从长期发展趋势来看，我国农业保险密度和深度都呈现出快速提升的良好态势。具体数据显示，农业保险密度从 2007 年的人均 17 元增长到 2023 年的 847 元，增长了近 50 倍（详见图 3－2）；农业保险深度从 2007 年的 0.2% 提升到 2023 年的 1.6%，增长了近 10 倍（详见图 3－3）。这两个指标的快速增长充分说明，农业保险在国民经济体系中的地位正在稳步提升，农业经营者的风险保障意识不断增强，对农业保险产品的需求持续扩大。同时，这也反映出我国农业保险补贴政策取得了显著成效，财政支持机制发挥了积极作用。从赔付率指标来看，我国农业保险赔付率总体呈现上升趋势，但波动较为明显。值得注意的是，近五年来农业保险整体赔付率稳定保持在70%以上的较高水平，这一现象既与保险覆盖范围持续扩大有关，也反映了农业风险状况的客观变化。高赔付率在某种程度上体现了农业保险保障功能的充分发挥，但也对保险机构的经营能力提出了更高要求。

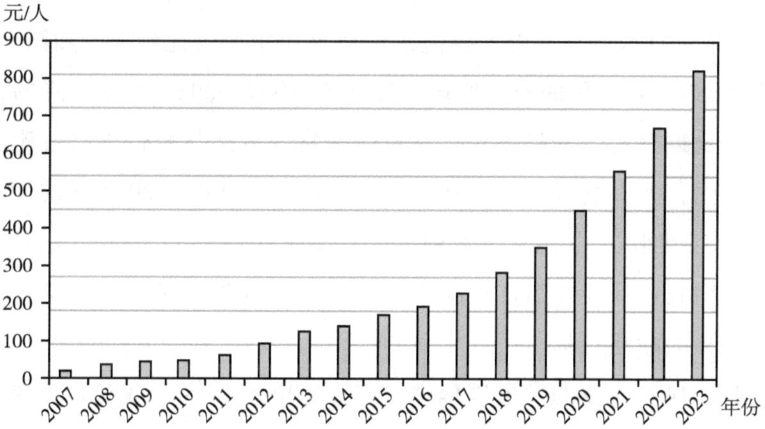

图3－2　我国农业保险密度

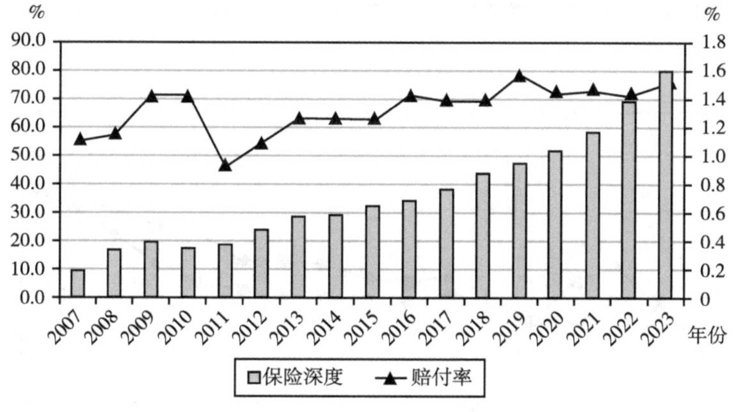

图3－3　我国农业保险深度和赔付率

3.3.3 农业保险结构

农业保险体系结构可作为衡量区域保险业发展均衡性的指标，本部分拟从两个关键指标展开分析：一是农业保险保费在财产保险总保费中的占比情况；二是农业保险赔付在财产保险总赔付支出中的占比情况。如图 3－4 显示，在 2007—2023 年的研究期内，除了在 2009—2011 年是下降的，整体上占市场比重呈现上升趋势，且农险保费收入占比与赔付支出占比上升趋势大体相同，尤其是近几年呈现快速增长态势。2007—2023 年的 17 年间，农业保险保费收入占比从 3% 到 9%，农业保险赔付支出占比从 3% 到 10%，说明农业保险在财产保险市场的重要程度越来越高，也符合当下我们乡村振兴的战略目标。

在我国保险行业的发展进程中，农业保险产品体系呈现显著的创新趋势，除传统的成本保障型农作物保险和畜禽死亡保险外，还陆续开发了基于气象参数的风险保障产品、市场价格波动补偿机制、价格保险、收入保险以及“保险＋期货”等新型保险模式。2017 年，财政部在 200 个重点

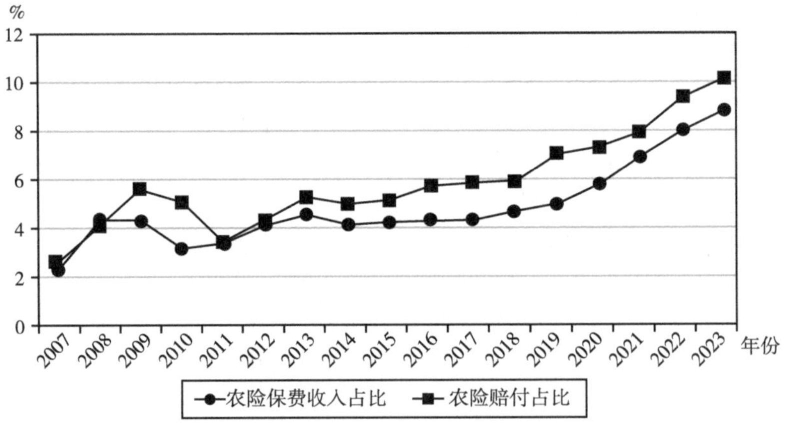

图 3－4　我国农业保险保费收入、赔付支出占比情况

粮食生产县实施了农业大灾保险试点工作，将保险标的由单纯覆盖直接物化成本扩展至同时包含直接物化成本和土地租赁费用，使得单位面积保额由400元/亩左右提升至800元/亩。次年，该部门又针对水稻、小麦和玉米三大主粮作物推出了涵盖完全成本和种植收益的保险试点项目，平均保额水平突破1000元/亩。2021年6月，财政部联合农业农村部、银保监会发布政策文件，明确要求在全国范围内扩大三大主粮作物的完全成本保险和种植收入保险的试点区域。2024年起，我国在全国范围内全面推行稻谷、小麦、玉米三大主粮作物的全成本保障险和种植收益险政策。

3.3.4 农业保险可持续性

农业保险的可持续发展能力主要体现在制度体系能否在长期运行中持续发挥风险保障功能、优化资源配置效率并实现动态平衡发展。其核心在于通过建立经济补偿与风险管理的良性循环机制，确保农业生产系统稳定性和农民收入安全性的双重政策目标得以实现。学术界研究表明，评估农业保险可持续性需要重点考察市场规模的增长质量与风险分散机制的有效性。其中，保费收入与赔付支出的年度增长率作为关键量化指标，能够直观反映政策支持力度、市场参与活力及制度运行弹性的协同状态。通过对历史数据的纵向分析可以发现，我国农业保险自2009年以来呈现明显的阶段性发展特征。在初期发展阶段，受益于中央财政补贴政策的全面实施，保费规模与赔付水平均实现爆发式增长，这体现了制度框架重构带来的市场扩容效应。在中期发展阶段，随着政策体系的逐步完善和监管制度的持续优化，增长率波动趋于平稳，这表明农业保险发展模式正在从粗放扩张转向质量提升。最近十年来，这两项指标的增长速度稳定维持在20%左右的合理区间，既显示出政策供给的连贯性与精准性，也印证了市场内生增长动力的持续释放。这种从高速增长向稳健发展的模式转变，深刻反映了农业保险制度成熟度的显著提升。保费规模的持续扩大不仅增强了风险池的资金储备厚度，还通过规模效应降低了单位保障成本，使保险机构能够突破传统精算模型的局限，开发覆盖气象指数、价格波动等新型风险的多元化产品。赔付支出的稳定增长则表明风险分散机制已经形成正向反馈，既有效缓解了极端灾害对农业生产者的冲击，又通过及时足额理赔强化了农户参保意愿，推动保障范围从主要粮食作物向特色农业、设施农业等细分领域延伸。市场活力的持续释放吸引了更多保险主体深耕农险领域，竞争格局的优化倒逼服务模式创新，遥感测绘、区块链溯源等数字技术的深度应用显著提升了承保精准度与理赔时效性。从未来发展前景看，随着乡村振兴战略的全面推进和农业现代化进程的加速，将会持续催生差异化的风险保障需求，这为农业保险产品创新、服务升级及制度完善提供了更为广阔的发展空间。

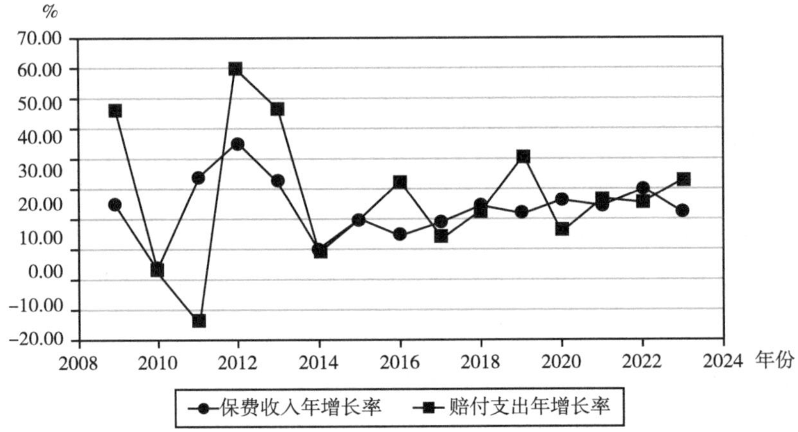

图 3－5　我国农业保险可持续发展情况

3.4　本章小结

本章系统梳理了我国农业保险发展的历史脉络与现实状况。首先，通过深入分析农业保险制度演进轨迹，将其发展历程科学划分为四个重要阶段：恢复与试点阶段、政策性农业保险起步阶段、法治化与快速发展阶段以及创新发展与全面升级阶段。针对每个发展阶段，详细阐述了农业保险的发展状况和阶段性特征，揭示了我国农业保险从无到有、从小到大、从弱到强的发展规律。其次，本章从发展规模、保障水平、保险结构和可持续性四个维度，全面剖析了农业保险的发展现状。通过大量翔实的数据分析表明，我国农业保险发展取得了显著成就，市场规模持续扩大，保障水平稳步提升，产品结构不断优化，可持续发展能力显著增强。农业保险在稳定农业生产、保障农民收入、促进农村发展等方面发挥了不可替代的重要作用。最后，基于对现状的分析研判，本章指出随着农业保险产品的持续创新和服务水平的不断提升，未来我国农业保险市场仍具有巨大的发展潜力和广阔的发展空间。在乡村振兴战略深入实施的背景下，农业保险必将在农业农村现代化进程中发挥更加重要的作用。

第 4 章

农业现代化发展历程和现状分析

本章对农业现代化的起源、历程与现状进行研究。通过总结科学技术、机械化与制度创新的驱动作用，梳理中国农业现代化三阶段特征，并评估当前农业投入、产出及生态可持续水平。本章与第3章共同构成耦合协调的双向主体框架，为后文揭示二者耦合协调机理提供历史逻辑与现实依据。

4.1 农业现代化的起源

农业现代化的起源是多维度、跨区域的系统性变革，其核心驱动力包括工业革命的技术溢出、科学理论的革命性突破、制度体系的创新重构以及全球化背景下的路径分化。这一历程不仅是生产力的跃升，更是人类社会组织形式与自然关系的深刻重构。

4.1.1 科学技术的突破与农业转型

农业现代化的科学根基源自工业革命时期自然科学范式的根本转变。当实验科学取代经验主义成为知识生产的主要方式时，农业生产开始摆脱千年来的经验传承模式，进入实验室指导田间的全新阶段。化学革命的突破性进展彻底改变了作物营养供给体系，矿质营养理论的提出揭示了植物生长的物质基础，使精准施肥成为可能。氮素合成技术的工业化应用，将大气中取之不尽的氮气转化为可被植物吸收的化合物，从根本上突破了传统农业依赖有机肥料的限制。这种技术飞跃不仅使单位面积产量实现几何级数增长，更重要的是建立了农业与化学工业的产业联动，形成了“实验室—工厂—农田”的技术转化链条。生物科学的革命性进步为遗传改良提供了理论武器。遗传规律的发现使得作物育种从自然选择转向人工干预，杂交优势的理论突破催生了标准化种子产业。当科学家能够精确控制基因重组过程时，农作物开始具备抗病虫害、耐逆境的优良性状，种子逐渐从农业生产资料升级为科技载体。这种变革使得农业生产的生物基础发生质变，作物生命周期开始按照人类设计的性状图谱展开。植保技术的体系化发展重构了病虫害防治范式。合成化学农药的发明将生物防控推进到分子层面，病虫害管理从被动应对转向主动干预。当毒理学与生态学结合形成综合防治理论时，农药使用开始遵循精准施药、环境友好的科学原则。这种技术演进不仅降低了生物灾害损失，更建立起农业与化学工业的深度耦合，形成了覆盖研发、生产、应用的完整技术生态。

4.1.2 机械化的起步与工业化联动

动力机械的普及标志着农业生产进入能量革命时代。当蒸汽机、内燃机取代人畜力成为主要动力源时，农业生产的时空约束被彻底打破。耕作机械的迭代创新使得土地开垦效率呈指数级提升，收割机械的智能化发展将农产品收获周期压缩到极限。这种动力革命不仅解放了农业劳动力，更重要的是重构了农业生产的时间管理逻辑，使跨区域、大规模协同作业成为可能。机械化引发的规模效应重塑了农业经营体系。当单个机械作业单元的生产能力突破传统人力极限时，土地集中经营的经济性显著提升。这种规模经济催生了新型农业组织形式，家庭农场、农业企业等经营主体开始取代小农经济。机械化与规模化的相互作用，推动了农业从生存型产业向商业型产业的质变，农产品生产日益遵循市场规律和效率原则。产业链整合催生农业工业化新形态。当农机设备、化肥农药、良种供应形成标准化产品体系时，农业生产开始具备工业制造的典型特征。从播种到收获的全程机械化，使农业生产流程可以分解为标准化作业单元，质量控制体系逐步建立。这种工业化转型不仅提高了生产效率，更重要的是构建起农业与制造业的产业协同，形成了“工厂化农业”的新型业态。

4.1.3 制度创新与社会化

土地制度的现代化重构是农业转型的基础前提。当土地从封建依附关系中的生产资料转变为可交易商品时，生产要素的市场化配置机制开始形成。产权明晰化改革催生了土地流转市场，使资源向高效经营者集中。这种制度变迁不仅释放了土地的生产潜力，更重要的是构建起现代农业生产关系的制度基础。金融创新为农业现代化注入资本动力。当信贷体系突破传统高利贷模式时，农业生产开始获得规模化发展的资金支持。政策性金融机构的建立、农业保险制度的完善、期货市场的发育，共同构建起多层次农村金融体系。这种金融支持不仅解决了农业投入的资本约束，更重要的是将农业纳入现代经济循环体系。社会组织形式创新提升产业组织化程度。当合作社、行业协会等新型组织取代传统村落共同体时，农业生产开始具备现代产业组织的特征。通过集体采购、联合销售、技术共享等机制，分散农户被整合进社会化大生产体系。这种组织创新不仅降低了交易成本，更重要的是培育了农业市场主体的现代经营能力。

4.1.4　不同国家的路径分化

农业现代化的路径因资源禀赋与历史条件呈现显著差异，形成三类典型模式：人少地多型国家以美国、加拿大为代表，聚焦机械化与规模化。美国在20世纪30年代实现小麦耕种收机械化率超60%，单位劳动力粮食产量较19世纪增长5倍；加拿大草原三省通过大型联合收割机与铁路运输网络，使小麦出口量在1910—1940年增长3倍。人多地少型国家如日本、荷兰，优先发展技术集约化。日本通过“明治农法”（19世纪70年代）推广矮秆水稻，单产达每公顷6吨（全球平均4吨）；荷兰在1900年后创新温室技术，利用地热与玻璃温室实现周年生产，单位土地产值跃居全球第一。资源均衡型国家如法国、德国，采用“机械＋化学＋良种”复合模式。德国20世纪20年代建立农业合作社制度，整合小农户资源，推动全产业链标准化；法国通过“省级互助社＋国家再保险”体系，至1950年农机普及率超50%，化肥使用量较1900年增长7倍。这种路径分化体现了现代化模式的多样性：美国依托广袤土地与资本优势，日本依赖精耕细作与技术创新，德国则通过制度设计平衡效率与公平。

4.1.5 中国的早期探索与全球融合

传统农耕文明的现代转型构成独特起点。古代精耕细作技术体系与现代农业科技形成历史对话，生态农业智慧为可持续发展提供思想资源。这种古今交汇的文明特质，使中国农业现代化始终保持着技术引进与本土创新的张力。制度创新的渐进性特征体现转型智慧。从计划经济时期的集体化实验，到改革开放后的双层经营体制，再到新时代的“三权分置”改革，土地制度变迁始终遵循稳定与创新的平衡原则。这种渐进式改革路径有效化解了转型风险，为农业现代化提供了制度弹性。技术融合的复合模式彰显后发优势。通过选择性吸收机械技术、化学技术、生物技术，中国构建起适合国情的“节约型”技术体系。在保持土地生产率持续提升的同时，探索出劳动、资本、技术要素的优化配置方案。这种技术整合能力，使得中国农业在资源硬约束下实现了产出奇迹。全球治理中的角色转变重塑发展方位。从技术引进国到标准制定国，从农产品进口国到农业投资输出国，中国正在重构全球农业治理格局。通过南南合作、技术援助、产能合作等机制，中国经验正在转化为全球农业现代化的新型公共产品。

4.2 农业现代化发展历程

农业现代化作为支撑国民经济发展的基础性工程，始终贯穿我国社会主义建设全过程。这一宏大历史进程不仅实现了从传统耕作方式向现代产业体系的根本转变，更深刻重构了农村经济社会发展的底层逻辑。在70余年的探索实践中，我国走出了一条立足国情、融合创新、接续奋进的农业现代化道路。这个历史性跨越既包含生产力层面的技术革命，也涉及生产关系领域的制度创新，既体现物质装备水平的提升，更彰显发展理念的迭代升级。不同历史时期的发展实践相互衔接，形成了从基础夯实到全面突破再到质量跃升的完整演进链条。特别是在制度供给与技术创新双重驱动下，农业生产效率持续提升，产业结构不断优化，经营体系日臻完善，为保障国家粮食安全、促进农民增收致富、推动城乡融合发展提供了坚实支撑。当前，在乡村振兴战略引领下，我国农业现代化正加速向更高层次迈进，呈现质量变革、效率变革、动力变革的崭新特征。

4.2.1　农业现代化的起步阶段（1949—1978 年）

新中国成立初期，面对积贫积弱的农业基础和迫切的粮食需求，中国共产党领导人民开启了农业现代化的奠基工程。这一时期的农业现代化建设聚焦于破解制约农业发展的根本性障碍，着力构建现代农业的基础框架。在物质基础建设方面，国家集中力量开展大规模农田水利工程，系统整治江河湖海，构建起覆盖全国的防洪排涝体系。通过组织亿万群众参与河道疏浚、梯田修筑、灌区建设等工程，有效改善了农业生产条件，将全国有效灌溉面积扩展至历史新高。在农业机械化领域，建立起完整的农机工业体系，自主研发的“东方红”系列拖拉机批量投产，全国范围内布局农业机械站，逐步实现耕地、播种、收割等环节的机械作业替代。虽然受制于工业化水平，机械普及率仍处于初级阶段，但为后续发展储备了重要技术力量。这一时期最具深远影响的制度创新当属农业合作化运动。通过土地改革到初级社、高级社的阶梯式演进，将分散的小农经济改造为集体所有制经济，彻底改变了延续千年的土地私有制度。这种制度变革不仅解决了生产资料分散与现代化大生产之间的矛盾，更为后续的农业技术推广、基础设施建设提供了组织保障。在科技创新方面，建立起覆盖全国的农业技术推广网络，重点突破良种选育、作物栽培、植物保护等关键技术，成功培育出矮秆水稻、杂交玉米等突破性品种。特别值得称道的是，在物质条件极其匮乏的背景下，通过精耕细作、科学种田等手段，粮食单产实现稳步提升，成功解决了数亿人口的温饱问题，为实施工业化战略提供了基础保障。这一阶段的探索实践具有鲜明的时代特征。在计划经济体制下，通过行政动员和集体协作，集中力量办成了许多事关长远的重大工程。虽然存在机械化程度不高、经营效率偏低等问题，但成功构建了现代农业的雏形，培养造就了大批农业技术人才，形成了完整的农业科研教育体系。这些基础性建设为后续发展积累了宝贵经验，其历史功绩在于确立了社会主义农业的发展方向，为改革开放后的腾飞奠定了制度基础、物质基础和技术基础。

新中国成立之初，我国农业生产面临着极其严峻的形势。长期的战争破坏和封建剥削使得农业生产水平极其低下，农业生产工具简陋，农田基础设施严重不足，农业科技水平落后，粮食产量难以满足人民基本生活需求。面对这样的困境，中国共产党领导全国人民开展了轰轰烈烈的农业恢复和建设工作，开启了农业现代化的伟大征程。这一时期的农业现代化建设虽然受到当时历史条件和认识水平的限制，但在改善农业生产条件、建立农业科技体系、创新农业经营制度等方面取得了显著成就，为后续发展奠定了坚实基础。在农田水利建设方面，国家投入大量人力物力，开展了史无前例的大规模水利工程建设。针对我国水资源时空分布不均的特点，重点治理了长江、黄河、淮河等主要河流的洪涝灾害，修建了大量水库、堤防和灌溉渠道。这些水利工程不仅有效控制了水患，还极大地改善了农田灌溉条件。与此同时，各地还因地制宜地开展了农田基本建设，通过平整土地、改良土壤、修建梯田等措施，显著提高了耕地质量。这些基础设施建设为农业生产的稳定发展创造了有利条件，也为后续农业现代化发展奠定了物质基础。

农业机械化建设在这一时期取得了重要进展。国家高度重视农业机械工业的发展，建立了一批农业机械制造企业，开始批量生产拖拉机、收割机等农业机械。同时，在全国范围内建立了农业机械站体系，为农民提供机械作业服务。虽然受当时工业发展水平的限制，农业机械的普及率还不高，但这些努力为农业机械化发展积累了宝贵经验，培养了大批技术人才，为改革开放后农业机械化的快速发展奠定了基础。特别值得一提的是，这一时期农业机械的研发和生产始终坚持自主创新的道路，为我国农业装备制造业的发展积累了技术储备。

农业合作化运动是这一时期最具深远影响的制度创新。通过土地改革，彻底废除了封建土地所有制，实现了耕者有其田。随后又通过互助组、初级社、高级社等形式，逐步将个体农民组织起来，最终建立了农村集体经济制度。这一制度变革不仅解决了小农经济分散经营与现代农业发展之间的矛盾，还为农业基础设施建设、农业技术推广等提供了组织保障。虽然在这一过程中也出现过一些偏差，但集体经济的建立为农村发展注入了新的活力，为后续农村改革和发展提供了制度基础。农业科技体系建设在这一时期取得了显著成就。国家建立了从中央到地方的农业科研和技术推广体系，培养了大批农业科技人才。在农作物育种方面，通过系统选育和杂交育种等方法，培育出了一批优良品种，显著提高了作物产量。在栽培技术方面，总结推广了精耕细作、合理密植、科学施肥等先进技术，提高了土地利用效率。在植物保护方面，建立了病虫害预测预报和防治体系，减少了病虫害造成的损失。这些科技创新为粮食增产和农业发展提供了有力支撑，也为后续农业科技进步积累了宝贵经验。农业教育体系的建立和发展为农业现代化提供了人才保障。国家高度重视农业教育，建立了一批高等农业院校和中等农业学校，培养了大批农业专业人才。同时，还通过举办各种形式的培训班、技术讲座等，提高了广大农民的科学文化素质。这些措施不仅为当时的农业发展提供了人才支持，也为改革开放后农业科技的快速发展和推广奠定了人才基础。

这一时期的农业现代化建设是在极其困难的条件下开展的。国家刚刚从战争中走出来，工业基础薄弱，资金和技术都十分匮乏。但通过充分发挥社会主义制度集中力量办大事的优越性，动员和组织广大农民群众，克服了重重困难，在农业基础设施建设、农业科技研究、农业制度创新等方面取得了显著成就。这些成就不仅解决了当时面临的粮食安全问题，支持了国家工业化建设，更重要的是为改革开放后农业的快速发展奠定了坚实基础。

4.2.2 快速发展阶段（1979—2012年）

改革开放30余年间，中国农业经历了从传统生存型农业向现代市场型农业的深刻转型。这场规模空前的变革以制度创新为突破口，以技术进步为驱动力，以市场化为导向，构建起具有中国特色的现代农业发展道路。其影响之深远，不仅重塑了农业生产方式和农村社会结构，更为国民经济的整体转型提供了坚实基础。

以家庭联产承包责任制为核心的生产制度改革，彻底释放了长期压抑的生产力。家庭联产承包责任制的全面推行，将土地经营权和收益权下放至农户，确立了“集体所有、家庭经营”的双层体制。这种制度安排既保留了社会主义公有制的根本属性，又通过明晰产权边界激活了微观主体的生产积极性。承包期限从初期的不确定逐步延长至30年不变，最终通过《中华人民共和国农村土地承包法》确立长久不变原则，稳定了农民经营预期。土地流转机制的渐进式开放，催生出转包、出租、入股等多元流转形式，推动土地要素向新型经营主体集聚。这种制度弹性既防止了土地兼并失控，又为适度规模经营创造了条件。农业经营体系实现历史性跨越。从“三级所有、队为基础”的集体经营转向家庭经营为主导，重新定义了国家、集体与农民的关系。统分结合的双层经营体制，既发挥家庭经营的灵活性，又保留集体经济的统筹功能。村级合作经济组织的重构，使集体资产管理和公共服务供给能力显著增强。新型农业经营主体的培育取得突破，专业大户、家庭农场、农民合作社等组织形式快速发展，推动农业生产从分散化向组织化转型。配套制度改革形成系统支撑。农产品流通体制打破统购统销桎梏，逐步建立起多渠道、少环节的流通网络。价格双轨制的实施与并轨，使市场机制在资源配置中发挥基础性作用。农村金融体系的改革突破，农村信用社的恢复重建、农业发展银行的设立、农业保险的试点推广，构建起多层次农村金融服务框架。

在制度创新的同时，科技引擎持续发力。农业科研体系实现战略性重构。中央与地方两级农业科研院所体系日趋完善，形成基础研究、应用研究和成果转化相衔接的创新链条。国家重点实验室和工程技术研究中心的布局，聚焦生物育种、资源高效利用等关键领域。国际科技合作机制的建立，加速了先进技术的引进消化吸收。这种体系化创新能力的提升，使我国在杂交育种、生物防治等领域实现从跟跑到并跑的跨越。技术推广网络覆盖能力显著增强。建立健全省市县乡四级农业技术推广体系，形成“专家—技术员—示范户”的推广链条。基层农技站的恢复重建，确保先进技术直达田间地头。农民技术培训体系的完善，通过绿色证书工程、阳光工程等项目，累计培训新型职业农民数千万人次。这种“科研—推广—应用”的良性循环，使农业科技进步贡献率实现跨越式提升。关键技术创新推动生产力跃升。生物技术的突破性进展，使主要农作物品种实现多代更新换代，良种覆盖率突破95%。栽培技术的体系化创新，集成推广精量播种、节水灌溉、精准施肥等标准化技术规程。农业机械化的跨越式发展，从局部环节机械化向全程机械化推进，动力机械总功率增长数十倍。设施农业技术的突破，推动农业生产突破自然条件限制，实现周年化、工厂化生产。

农产品流通体制改革取得历史性突破。逐步取消统购派购制度，建立以批发市场为核心的流通网络。国家级农产品批发市场的布局，形成覆盖全国的流通枢纽体系。期货市场的萌芽发展，为农产品价格发现和风险管理提供新工具。现代物流体系的建设，冷链仓储、电子商务等新业态开始渗透农村市场。这种流通体系的现代化转型，使农产品商品化率从不足40%提升至70%以上。农业产业结构实现优化升级。突破“以粮为纲”的单一格局，形成粮经饲统筹、农牧渔结合的新型产业结构。经济作物种植面积占比稳步提升，设施蔬菜、特色水果等高附加值产业快速发展。畜牧业规模化养殖比例突破临界点，推动传统庭院养殖向现代工厂化养殖转型。水产养殖技术的突破，使我国连续多年保持世界第一水产大国地位。产业化经营模式创新取得重大进展。“公司+农户”的契约化合作，推动小农户与现代市场的有效衔接。农业产业化重点龙头企业的培育，形成带动区域发展的产业集群。农产品加工体系的完善，使初加工与精深加工比例持续优化。品牌化战略的实施，地理标志产品、绿色食品认证体系逐步建立，农产品市场竞争力显著增强。

农田基础设施持续完善，高标准农田建设稳步推进，抗灾减灾能力显著增强。大型灌区续建配套工程持续推进，有效灌溉面积占比突破 50%。小型农田水利设施的产权改革，激发农民参与建设和管护的积极性。节水灌溉技术的推广应用，使水资源利用效率提升 30% 以上。高标准农田建设工程的启动，推动“田成方、渠相通、路相连”的现代农田格局形成。农业机械化进入全面普及阶段。动力机械从数量增长向质量提升转型，大中型拖拉机保有量实现指数级增长。粮食生产关键环节机械化率突破性提升，水稻机插秧、玉米机收等薄弱环节取得技术突破。农机社会化服务体系的建立，推动跨区作业、代耕代种等新型服务模式发展。这种机械化与组织化的协同推进，使农业劳动生产率提升 5 倍以上。信息化基础设施开始渗透农业领域。农村广播电视“村村通”工程的实施，打通了农业信息传播渠道。农业专家系统的开发应用，使生产技术指导突破时空限制。农产品市场信息网络的构建，为生产经营决策提供实时数据支持。这些信息化手段的应用，为数字农业时代的到来埋下伏笔。

可持续发展理念生根发芽。退耕还林工程的实施，使水土流失严重地区的生态功能逐步恢复。天然林保护工程的启动，扭转了森林资源持续减少的趋势。草原生态保护补助奖励机制的建立，推动草畜平衡制度落地。这些生态工程的实施，标志着农业发展从单纯追求产量向统筹生态效益转型。资源节约型技术体系初步构建。测土配方施肥技术的推广，使化肥利用率提升 10 个百分点。病虫害综合防治技术的应用，化学农药使用量实现零增长。秸秆还田、畜禽粪污资源化利用等循环农业模式，推动农业废弃物向再生资源转化。这种技术路线的转变，为绿色农业发展奠定基础。气候变化应对机制开始建立。农业气象灾害预警系统的建设，提升防灾减灾能力。抗逆品种的选育推广，增强农作物适应气候变化能力。农业保险制度的试点推广，为极端天气风险提供市场化解决方案。这种前瞻性布局，为应对全球气候挑战积累了宝贵经验。

4.2.3 深化提升阶段（2013年至今）

新时代的农业现代化呈现鲜明的质量变革特征。这一时期，我国农业发展进入了一个全新的历史阶段，在粮食生产能力稳步提升的基础上，更加注重发展质量、效益和可持续性。农业现代化建设的深度和广度不断拓展，内涵不断丰富，呈现全方位、多层次、高质量的发展态势。在习近平新时代中国特色社会主义思想指引下，农业现代化与新型工业化、信息化、城镇化同步推进，与乡村振兴战略深入实施相互促进，开创了农业高质量发展的新局面。在粮食安全领域，我国粮食生产实现了历史性的"十二连增"，粮食综合生产能力迈上新台阶。在确保总量安全的基础上，粮食生产更加注重质量提升和结构优化。优质专用粮食作物种植比例持续提高，粮食生产功能区建设稳步推进，粮食产业经济全面发展。粮食储备和流通体系不断完善，应急保障能力显著增强。与此同时，粮食节约减损工作全面推进，从田间到餐桌的全链条节粮减损机制逐步建立。这些成就为确保国家粮食安全、端牢中国饭碗奠定了坚实基础。

农业供给侧结构性改革深入推进，成为这一时期农业现代化的主线。针对农产品供需结构性矛盾，各地积极调整优化农业生产结构和区域布局。减少无效和低端供给，扩大有效和中高端供给，增强供给体系对需求变化的适应性和灵活性。农产品品种结构持续优化，质量安全水平稳步提升，品牌建设成效显著。农业标准化生产全面推广，全程质量控制体系逐步建立，农产品质量安全追溯平台不断完善。这些措施有效提升了我国农产品的市场竞争力，满足了人民群众日益增长的优质化、多样化消费需求。科技创新成为驱动农业现代化的核心动力，农业科技进入智能引领的新阶段。现代信息技术与农业深度融合，物联网、大数据、云计算、人工智能等数字技术在农业生产、经营、管理和服务各环节广泛应用。智慧农业快速发展，精准农业技术体系不断完善，农业生产智能化水平显著提升。农业科研攻关持续加强，在分子育种、生物防治、智能装备等前沿领域取得一系列重大突破。农业科技自立自强能力显著增强，关键核心技术攻关取得重要进展。农业科技推广服务体系创新完善，科技特派员制度深入实施，科技成果转化效率不断提高。绿色发展理念深入人心，成为现代农业的核心导向。农业资源利用效率持续提升，化肥农药减量增效行动成效显著，节水节地节肥技术广泛推广。农业面源污染治理取得积极进展，畜禽粪污资源化利用水平不断提高，农作物秸秆综合利用率稳步提升。农业生态环境持续改善，耕地质量保护与提升行动深入开展，轮作休耕制度试点稳步推进。生态循环农业模式创新发展，种养结合、农林复合等生态农业模式广泛推广，农业生产系统与自然生态系统实现良性互动。在碳达峰碳中和战略引领下，农业固碳减排技术加快研发应用，农业生态价值得到重新评估和有效开发。

产业融合发展开辟了农业现代化新空间。农村电子商务蓬勃发展，突破时空限制，重塑农产品流通格局。农产品电商服务体系不断完善，冷链物流基础设施持续改善，农产品出村进城渠道更加畅通。休闲农业和乡村旅游深度融合，成为拓展农业功能、挖掘乡村价值的重要途径。田园综合体、共享农庄等新业态新模式不断涌现，农业的文化价值、生态价值、体验价值得到充分释放。农产品加工业转型升级，精深加工水平持续提升，产业链价值链不断延伸。预制菜、中央厨房等新业态快速发展，推动农业价值链向微笑曲线两端延伸。新型农业经营体系加速构建，为现代农业发展注入新活力。家庭农场规范化发展，经营管理水平持续提升。农民合作社质量提升行动深入开展，服务带动能力不断增强。农业产业化龙头企业创新发展，与农户的利益联结机制更加紧密。农业社会化服务组织蓬勃发展，覆盖产前产中产后各环节，为小农户提供全方位服务。小农户通过土地托管、订单收购等多种方式融入现代农业发展，形成多元化、紧密型的利益联结机制。职业农民培育工程系统推进，高素质农业从业者队伍持续壮大，为现代农业发展提供了人才支撑。农业支持保护制度持续创新完善，为农业现代化提供有力保障。农业补贴制度改革深入推进，绿色生态导向更加鲜明。农产品价格形成机制不断完善，最低收购价政策持续优化。农业保险创新升级，目标价格保险、完全成本保险等新型政策工具广泛应用，风险保障水平显著提高。农村金融改革持续深化，产权抵押融资、供应链金融等产品创新不断突破，金融服务可得性明显提升。农村信用体系建设加快推进，金融支农环境持续改善。这些政策措施有效保护了农民利益，调动了农民生产积极性，促进了农业稳定发展。

农村基础设施提档升级，为农业现代化创造良好条件。农村道路、水利、电力、通信等基础设施持续改善，城乡基础设施互联互通水平不断提高。5G网络、物联网等新型基础设施加快向农村延伸，数字乡村建设全面推进。农产品仓储保鲜冷链物流设施加快建设，解决农产品出村进城“最先一公里”问题。农村人居环境整治成效显著，村容村貌明显改善，生态宜居美丽乡村建设扎实推进。这些基础设施建设为农业农村现代化提供了有力支撑，增强了农村发展活力。农业现代化与新型城镇化、信息化协同推进，城乡融合发展体制机制不断完善。农业转移人口市民化进程稳步推进，城乡要素双向流动更加顺畅。城乡基本公共服务均等化水平持续提高，农村教育、医疗、养老等社会事业全面发展。农村集体产权制度改革深入推进，农村资源要素活力不断释放。城乡融合发展试验区建设取得积极成效，为全国提供可复制可推广的经验。这些改革举措有效促进了城乡要素平等交换和公共资源均衡配置，加快了农业农村现代化进程。在国际合作方面，农业对外开放水平持续提升。农业“走出去”步伐加快，境外农业合作示范区建设成效显著。农产品国际贸易规模不断扩大，结构持续优化，市场多元化程度提高。农业科技国际合作深入开展，积极参与全球粮农治理，国际话语权和影响力不断提升。这些国际合作既促进了国内农业发展，也为保障全球粮食安全作出了中国贡献。

当前，我国农业现代化站在新的历史起点上。在粮食安全底线更加稳固的基础上，农业多功能性得到充分拓展，乡村价值实现系统性重塑。农业质量效益和竞争力持续提升，农民收入保持稳定增长，城乡差距进一步缩小。农业农村发展内生动力不断增强，乡村振兴战略全面推进。面向未来，我国农业现代化正朝着智慧农业、生态农业、品牌农业的方向阔步前行。在建设农业强国的征程中，我们将继续深化改革创新，强化科技支撑，完善政策体系，推动农业现代化不断取得新突破，为全面建设社会主义现代化国家提供坚实支撑。

4.3　农业现代化发展现状

农业现代化作为国家现代化战略的重要支撑，当前已进入全面深化发展的新阶段。在新型工业化、信息化、城镇化协同推进的宏观背景下，农业现代化呈现技术集成化、经营规模化、产业融合化、生态绿色化的显著特征。通过构建现代农业生产体系、产业体系和经营体系，我国农业正加速实现从数量扩张向质量效益、从要素驱动向创新驱动、从分散经营向集约发展的根本性转变。本部分通过投入产出效率、社会发展水平、生态治理成效等多维度指标，系统揭示农业现代化发展的现实途径与演进特征。

4.3.1　农业投入水平

农业投入水平的提升集中反映了现代要素对传统生产方式的替代进程。以单位面积农业机械总动力和劳动生产率为核心指标，可以清晰观测到生产要素结构的深刻变革。2007—2023 年，我国农业机械装备水平呈现跨越式发展，单位面积机械动力配置从 5.01 千瓦/公顷提升至 6.63 千瓦/公顷，尤其是在统计口径调整后仍保持年均 11% 的复合增长率。这一数据变迁背后是农业生产全环节的机械化革命，北斗导航自动驾驶系统、无人机植保集群、智能化收获机械等新一代装备的普及应用，使得耕、种、管、收综合机械化率突破 72%。在丘陵山区等传统机械化盲区，微型农机具研发和宜机化改造工程的实施，有效破解了地形制约难题。劳动生产率的跃升更加直观地展现了技术替代劳动的现代化效应，从 2007 年的 0.93 万元/人增长至 2023 年的 5.57 万元/人，年均 29% 的增速远超同期工业劳动生产率提升幅度。这种超常规发展既源于机械化带来的劳动替代效应，更得益于智慧农业系统的深度应用。物联网监测、精准灌溉、智能环控等技术集成，使得单户经营规模突破传统人力极限，设施农业劳动生产率达到露地生产的 3—5 倍。特别值得关注的是，新型职业农民群体通过掌握现代农机操作、数字技术应用等技能，推动劳动生产率产生乘数效应，标志着人力资本质量对农业现代化的关键支撑作用。详见图 4－1。

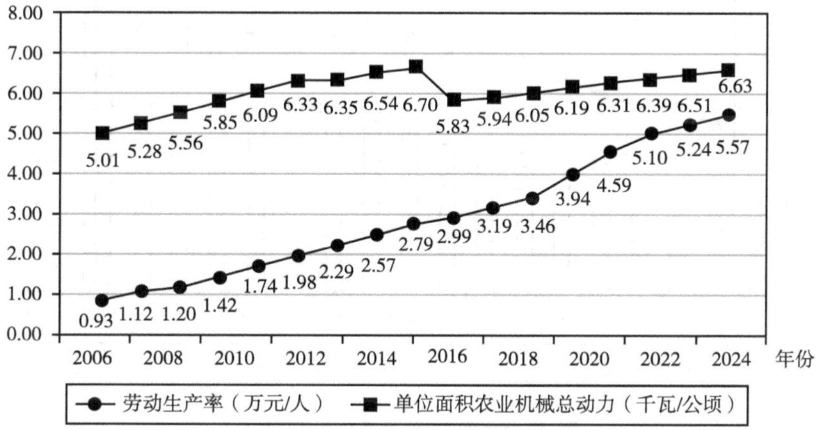

图 4－1　我国农业投入水平情况

4.3.2　农业产出水平

农业产出能力的持续增强印证了现代化转型的实质成效。以单位面积粮食产量、人均农林牧渔总产值、农民专业合作社数量三大指标构成的评价体系，全方位展现了农业生产效率、综合效益和组织形态的进步。粮食单产从 2007 年的 3295 千克/公顷稳步攀升至 2023 年的 4052 千克/公顷的突破性水平，这背后是生物育种、精准栽培、灾害防控等技术的系统集成。耐密抗逆新品种的推广使玉米单产提高23%，在水稻精量直播技术减少用种量30%的同时出苗整齐度提升，智慧植保系统将病虫害损失率控制在5%以内。人均农林牧渔总产值的指数级增长更具说服力，从6805元到33230元的跨越式发展，不仅反映了总量扩张，更揭示了产业结构优化的深层变革。畜牧业产值占比提升至35%，设施蔬菜产量突破3亿吨，名优特新农产品供给能力显著增强。这种结构性优化推动农业价值链向“微笑曲线”两端延伸，预制菜、休闲食品等精深加工产品贡献率超过28%，农业与文化、旅游融合催生的新业态创造产值逾万亿元。详见图4-2。

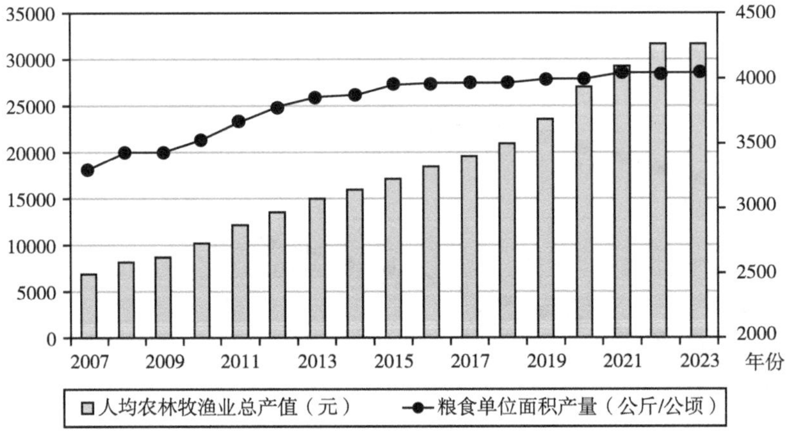

图4-2　我国农业产出水平情况

农民专业合作社的爆发式增长标志着农业组织化程度的质变。从每万人1个到42个的密度提升，208万家合作社构建起覆盖95%行政村的网络体系。这些新型经营主体通过土地托管、统购统销、品牌共建等模式，将小农户纳入现代农业产业链。特别是农机服务合作社的发展，使得中小农户能够共享价值数百万元的高端装备，破解了“无机可用、有机难用”的困境。合作社层级联合社的兴起，更在区域层面形成产销对接、技术扩散、风险共担的协同机制。详见图4-3。

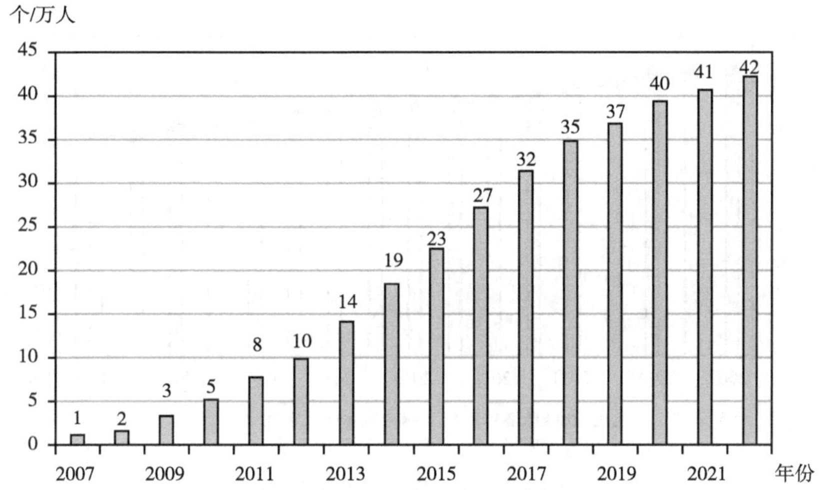

图 4－3　我国人均农民专业合作社数量

4.3.3　农村社会发展水平

在农业现代化发展的过程中，有必要对农村社会经济状况给予充分的重视。以下内容将围绕城乡居民收入比和恩格尔系数两个维度展开阐述。恩格尔系数作为衡量区域经济发展程度的重要参考指标，能够有效反映农村居民的生活质量变化趋势。通过对 2007—2023 年的数据分析发现，我国农村地区居民的食品消费支出占比呈现明显下降态势，由 2007 年的 41% 降至 2023 年的 32%，这一变化趋势表明我国农村居民的生活质量持续提升。我国农民人均可支配收入逐年增加，从 2007 年的 4327 元增加到 2023 年的 21691 元，增长近 5 倍。从图 4－4 中可以明显看到 2007—2019 年城乡收入差距逐年下降，然而，在接下来的几年城乡收入差距又逐渐拉大至 2.5 倍左右。在近 5 年农民可支配收入增加，但增速不如城镇居民可支配收入增速，说明未来我国在区域协调发展、城乡融合发展方面仍需要努力。

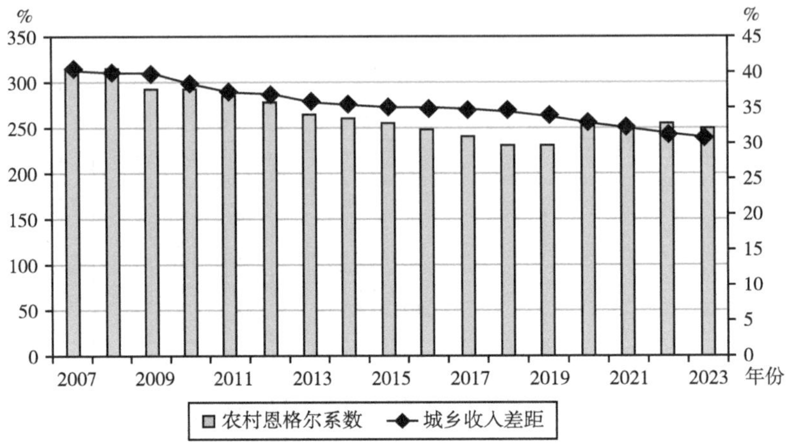

图 4-4　我国农村社会发展情况

4.3.4　农业生态环境可持续发展

在实现农业现代化转型的过程中，必须摒弃传统的高污染、高消耗发展模式，转而构建环境友好型的农业生产体系。具体而言，需要优化农药、化肥及农膜等农业投入品的使用效率，建立资源节约型、环境友好型的现代农业发展路径，有助于提升土地的生产效率；若使用不当，则可能产生负面影响。图 4-5 显示，2007—2013 年我国单位面积农药施用量和单位面积化肥施用量出现小幅上升，而在 2013 年后，二者都逐年递减，尤其是单位面积农药施用量大幅下降，这一现象源于我国转向生态友好型发展模式，大力推广无土种植技术和循环农业，同时农民群体的环境保护观念亦在逐步提升。另外，农业现代化可以通过优化农业生产方式、提升土地利用效率、增强生态保护意识等途径，对水土流失治理面积产生积极的促进作用。例如，在丘陵山区建设高标准梯田，能够显著减少水土流失，提高土地的保水保土能力。2007—2023 年我国水土流失治理面积从 99817 千公顷增加到 162724 千公顷，翻了将近一番。见图 4-6。

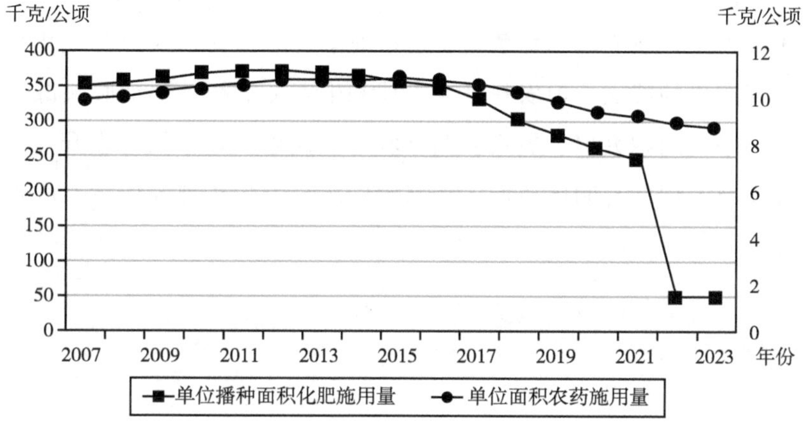

图 4－5　我国单位面积化肥、农药施用情况

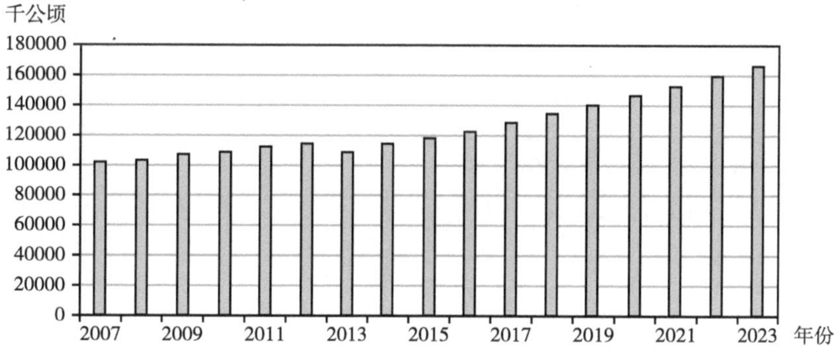

图 4－6　我国水土流失治理面积情况

4.4　本章小结

本章系统梳理了农业现代化的发展历程与现状。首先，从起源视角分析了农业现代化的驱动因素，包括科学技术突破、机械化与工业化联动、制度创新及社会化进程，并对比了不同国家的路径分化特征，强调中国早期探索与全球经验的融合。其次，以中国为例划分农业现代化三阶段：1949—1978 年的起步阶段以机械化与基础建设为主；1978—2012 年的快速发展阶段依托改革开放与技术应用，实现生产效率跃升；2012 年后的深化阶段聚焦科技驱动、绿色转型与产业融合。当前，农业现代化呈现高投入、高产出的特点，但农村社会发展和生态可持续性仍面临挑战，区域间发展不平衡问题突出。研究表明，农业现代化需兼顾效率提升与生态保护，强化技术创新与制度协同，为破解资源约束、实现高质量发展提供路径参考。

第 5 章

农业保险与农业现代化耦合协调发展的机理分析

在厘清农业保险与农业现代化发展脉络的基础上，本章深入探讨二者耦合协调的内在逻辑。通过明确耦合协调内涵、剖析其驱动因素与作用机理、构建理论模型揭示系统性互动规律，从理论层面解答“为何耦合”与“如何协调”的关键问题。这不仅为第六章实证测度二者协调水平提供理论支撑，也为后续影响因素分析与路径研究搭建了基本框架。

5.1　农业保险与农业现代化耦合协调发展含义与特征

5.1.1　农业保险与农业现代化耦合协调发展的含义

农业保险与农业现代化之间的耦合协调发展，本质上是一种复合生态系统内要素重构与功能再造的动态过程。这种协同关系突破了传统风险保障与产业发展的单向服务模式，形成了风险治理与生产力变革的双向赋能机制。其核心内涵体现为三大层次的系统整合：在微观要素层面，通过风险定价机制引导土地、资本、技术等生产要素的优化配置，构建起风险可控的现代化要素投入体系；在中观产业层面，依托数字化风控网络实现农业生产全流程的精准管理，推动传统农业向智能、绿色、高效的现代产业形态转型；在宏观制度层面，形成政策工具与市场机制的协同供给框架，为农业现代化提供兼具韧性和效率的制度保障。

这种耦合系统的运行机理具有鲜明的复合性特征。其既包含农业保险通过风险分散功能为现代农业创新提供试错空间，又涵盖农业技术进步反向推动保险服务模式的迭代升级。具体而言，农业保险通过建立多层次风险分担机制，有效化解新型农业经营主体在技术采纳、规模扩张中的不确定性，降低生产要素向现代农业领域流动的制度性摩擦。现代农业发展催生的新型风险形态，如智能装备系统故障、农产品质量安全追溯、农业数据资产保护等，则倒逼保险产品从单一灾害补偿向全链条风险管理演进。

这种双向互动推动形成“风险识别—技术应用—保障升级”的螺旋式发展路径，使得风险治理能力与产业创新水平形成正向反馈循环。在产业链整合维度，两者的协同效应体现为价值创造方式的根本性变革。借助物联网感知设备与区块链溯源技术的深度融合，构建起覆盖农业生产全周期的智能风控网络。通过实时监测土壤墒情、作物长势、气象变化等关键参数，实现灾害预警与保障服务的精准匹配。在农产品加工流通环节，温度传感与位置追踪技术将冷链物流风险可视化，为仓储保险、运输保险提供精准定价基础。这种技术渗透不仅提升保险服务效率，更重要的是通过风险数据反馈优化农业生产决策，形成“生产改进—风险降低—保费优惠”的良性循环机制。战略协同层面，两者的耦合发展聚焦国家粮食安全与生态安全双重目标的实现。农业保险通过完全成本保险、收入保险等产品创新，构建起覆盖自然灾害、市场波动、政策调整的多维风险防护网，稳定新型经营主体的生产预期。现代农业则依托生物育种、智能灌溉、精准施肥等技术应用，系统性提升农业抗逆能力与资源利用效率。两者的协同作用显著增强粮食全产业链韧性，在产能保障、质量追溯、应急调控等环节形成多重防护体系。在生态安全领域，碳汇保险通过市场交易机制将生态价值转化为经济收益，激励农户采用保护性耕作等固碳技术。面源污染责任保险则通过费率杠杆效应引导生产者减少化学投入品使用，推动农业生产方式向环境友好型转型。制度协同是耦合系统有效运转的关键支撑。通过财政补贴政策与市场化风险分散工具的有机结合，构建起多层次制度供给体系。政策性农业保险通过保费补贴降低参保门槛，引导小农户向现代生产方式转型。巨灾风险证券化工具则通过资本市场将农业风险转化为可交易资产，吸引社会资本参与高标准农田建设、智慧农业设施等长期投资项目。这种“政府引导＋市场主导”的混合治理模式，既确保粮食安全等公共目标的实现，又通过风险定价机制提升资源配置效率，形成具有中国特色的农业风险治理体系。

5.1.2 农业保险与农业现代化耦合协调发展的特征

农业保险与农业现代化耦合协调发展的核心特征，体现为多维度、多层次的结构性互动与系统性创新，其内在逻辑与运行机理可从以下五个方面深化阐释：

（1）动态互馈性体现为风险治理与产业升级的持续交互作用

农业保险通过建立风险缓冲机制，为农业技术创新提供容错空间：保费补贴政策降低新型经营主体采纳智能装备的试错成本，收入保险产品缓解品种改良过程中的市场风险压力。现代农业发展则不断重塑风险结构：设施农业普及降低传统气象灾害损失率，但增加设备故障、能源中断等新型风险敞口；农业数字化转型在提升生产效率的同时，催生数据安全、算法歧视等前所未有的风险形态。这种动态博弈推动形成"风险暴露—产品创新—技术迭代"的演进路径，使得保险服务与产业进步始终处于协同进化状态。

（2）系统集成性表现为风险治理体系与现代农业生产系统的深度嵌套

通过数字技术赋能的智能合约机制，将保险条款直接嵌入农业物联网系统，实现风险预警与保障服务的自动触发。例如，当气象监测数据达到预设灾害阈值时，智能合约自动启动理赔程序，极大缩短传统保险服务的响应周期。在绿色技术推广场景中，保险机构通过保费折扣激励农户采用节水灌溉设备，借助用水量监测数据动态调整优惠幅度，使风险防控措施直接转化为生产力提升工具。这种深度集成推动保险服务从被动补偿转向主动风险管理，形成保障效能与生产效率同步提升的新型范式。

（3）目标协同性聚焦国家安全战略下的多维价值统一

在粮食安全维度，完全成本保险通过覆盖物化成本与劳动力成本，保障种粮主体的基本收益，稳定粮食播种面积；现代农业技术通过抗逆品种培育与精准水肥管理，提升单位面积产能，降低保险赔付压力。这种"风险保障—产能提升"的协同机制，推动形成更可持续的粮食安全体系。在生态安全领域，耕地地力指数保险将土壤有机质含量等生态指标纳入保障范围，激励农户实施秸秆还田、轮作休耕等保护性措施；林业碳汇保险通过价格兜底机制促进社会资本参与生态修复项目，实现生态效益与经济效益的有机统一。

（4）制度创新性表现为政策工具与市场机制的协同突破

在政府端，差异化保费补贴政策重点支持智慧农业装备、生物农药等关键技术应用，引导生产要素向现代农业领域集聚；政策性再保险体系为极端气候风险提供托底保障，释放商业保险机构的服务创新能力。在市场端，天气衍生品通过期货市场对冲区域气候风险，使农业经营者能够锁定生产成本；证券化工具将分散的农业风险打包转化为可交易金融产品，吸引养老基金、保险资金等长期资本投入农业基础设施建设。这种制度创新形成“风险分散—资本集聚—技术扩散”的传导链条，有效破解农业现代化的融资约束与风险约束。

（5）技术渗透性重构耦合系统的运行范式

遥感监测与作物生长模型相结合，实现灾损评估从经验判断向智能识别的跨越式发展，卫星影像解译精度可达90%以上，大幅提升定损效率。区块链技术的不可篡改特性，建立起从田间到餐桌的全流程质量追溯体系，使保险责任从产量损失扩展至品牌价值损失，推动产品责任险、质量保证险等新型险种发展。人工智能算法通过整合历史赔付数据与实时生产信息，动态优化区域风险区划模型，实现保险费率与风险水平的精准匹配。这种技术渗透不仅提升服务效率，更通过数据反馈机制反向优化农业生产决策，形成“数据积累—模型迭代—行为改进”的价值创造闭环。

上述特征体系共同构成农业保险与现代化协同发展的理论框架，其内在逻辑体现为风险治理现代化与农业生产现代化的深度融合。通过构建风险可控的要素配置机制、智能集成的产业运行体系、协同高效的政策供给框架，最终形成具有中国特色的农业现代化发展路径。这种发展模式既突破传统农业保险的被动补偿局限，又规避单纯技术导向的现代化陷阱，为全球农业风险管理与现代化升级提供创新范式。

5.2 农业保险与农业现代化耦合协调发展的内在逻辑

5.2.1 农业保险与农业现代化耦合协调发展的动因分析

农业保险与农业现代化耦合协调发展的动力机制，源于生产力变革与生产关系调整的深层互动，体现为技术演进、制度创新、战略需求等多维因素的协同作用。这种动态演进过程既遵循农业产业升级的客观规律，又体现国家治理现代化的战略导向，其内在驱动力可系统解构为以下五个核心维度。

（1）风险治理与技术迭代的共生演进驱动

现代农业的规模化、集约化转型重构了农业生产系统的风险谱系。传统自然风险与新型技术风险的交织叠加，形成复合型风险矩阵。机械化装备的大规模应用虽然显著提升了作业效率，但设备故障引发的生产中断风险、智能系统漏洞导致的数据失真风险，成为制约技术渗透的突出障碍。生物技术推广中品种适应性风险、转基因作物生态风险等新型挑战，要求风险治理体系进行适应性重构。这种风险形态的质变倒逼农业保险突破传统灾害补偿的单一功能，向全流程风险管理服务升级。通过开发技术应用中断保险、数据安全责任险等创新产品，构建起覆盖技术研发、设备运维、成果转化的风险缓冲机制。保险工具的风险定价功能则引导生产要素向低风险、高效益的技术领域集聚，降低绿色技术推广的试错成本。由此形成“风险识别—技术筛选—保障强化”的正向反馈回路，推动风险治理能力与技术应用水平同步提升。

（2）产业链重构与制度创新的协同共振驱动

现代农业全产业链的价值整合对风险保障网络提出系统性需求。生产端的智能监测设备实时采集作物生长数据，加工环节的区块链溯源系统构建可信质量信息链，流通领域的物联网传感技术追踪物流状态，这些技术创新为精准风险管理奠定了数据基础。政策层面通过差异化保费补贴引导资源向智慧农业倾斜，再保险机制则为重大技术创新项目搭建了风险分散池，形成政策牵引与市场调节的协同治理架构。制度创新与产业变革的深度耦合，破解了传统风险管理的碎片化困境。例如，完全成本保险通过覆盖物化成本与劳动力成本，稳定新型经营主体的投资预期；收入保险产品则通过价格波动风险分担，促进订单农业模式发展。这种协同效应推动产业链各环节风险成本内部化，驱动整体效能提升。

（3）国家安全战略的目标导向驱动

粮食安全与生态安全的双重战略目标，赋予耦合系统特殊的政治使命与价值导向。在产能保障维度，农业保险通过覆盖自然灾害与市场风险，维护主粮作物播种面积稳定；现代农业技术通过抗逆品种选育与精准水肥管理，系统性提升单产水平。两者协同构建起“风险缓释—产能加固”的双层防护体系，增强粮食供应链韧性。生态安全领域，耕地地力指数保险将土壤有机质含量等生态指标纳入保障范围，激励保护性耕作技术应用；林业碳汇保险通过市场交易机制实现生态价值变现，引导社会资本参与生态修复。这种战略协同推动农业生产从“保产量”向“提质量、护生态”转型，实现粮食安全与生态安全的动态均衡。

（4）数字技术的渗透催化驱动

数字革命深刻重构农业风险管理的技术范式。空天地一体化监测网络整合卫星遥感、无人机航拍与地面传感数据，实现灾害损失评估精度提升至90%以上。智能算法通过机器学习历史赔付案例，构建区域风险动态评估模型，推动保险费率从静态定价转向实时精算。区块链技术的不可篡改特性，建立起覆盖全产业链的可信数据链，使保险责任判定从产量损失扩展至质量溯源、品牌价值等新型维度。数字孪生技术构建虚拟农场模型，通过模拟不同风险管理方案的经济效应，优化保险产品设计。这种技术渗透形成“数据采集—模型训练—决策优化”的智能闭环，推动风险管理从经验判断向数据驱动跃迁。

（5）要素流动与组织变革的交互驱动

土地制度改革催生的新型经营主体，推动农业生产组织形态向规模化、专业化演进。家庭农场、农业合作社等新型主体对风险管理提出差异化需求：大规模经营者关注系统性风险对冲，中小农户侧重基本生产保障。这种需求分层驱动保险产品体系创新，催生完全成本保险、收入保险、指数保险等多元化产品谱系。反过来，保险的风险共担机制降低社会资本进入农业领域的顾虑，通过金融杠杆效应吸引资本投入智能装备、生物技术等现代化领域。生产要素的优化配置与经营组织的形态变革相互强化，形成“要素升级—组织创新—服务迭代”的演进链条。

这五大驱动因素构成有机统一的动力系统：技术迭代提供创新源泉，制度创新构建保障框架，战略需求明确发展方向，数字技术赋能运行效率，要素流动激活市场活力。各维度通过能量交换与信息反馈形成协同共振，推动农业保险与现代化转型从简单叠加走向深度融合。这种耦合发展不仅增强农业系统的风险抵御能力，更重要的是通过生产关系调整释放生产力发展潜能，为农业农村现代化提供持续动能。其演进逻辑体现为从被动风险补偿到主动风险管理、从单一政策工具到系统治理框架、从传统要素驱动到创新引领发展的范式转换，标志着我国农业风险治理体系进入现代化新阶段。

5.2.2 农业保险促进农业现代化的作用机理

（1）促进农业投入现代化

研究者普遍观点认为，大部分农户抵御风险的能力较为薄弱，往往倾向于采取低风险的农业生产模式。陈俊聪等（2016）指出，传统小农经济模式下农户的风险规避倾向，严重制约现代农业技术的推广应用。农业保险通过风险转移功能，将不可预见的自然灾害、市场波动等系统性风险转化为可量化、可管理的经济成本，显著降低农户采用新技术、新设备的心理阈值。这种风险缓释效应在“大农险”政策框架下得到进一步强化，政策性保险与商业性保险的协同发展，构建起多层次风险防护网，使农户在稳定收益预期的驱动下，敢于突破传统低风险、低收益的生产模式。这种改变资源配置的方式，通过政策引导促进农户采纳创新性生产技术，优化农业机械化资源配置比例，提高机械化作业水平（程文明，2020）。此外，该举措有效激发了小规模农户参与农业技术培训的积极性，显著提升了其技术操作与运用能力（任天驰、杨汭华，2020）。这些政策实施不仅改善了农村生产要素的配置效率，同时显著增强了农户的生产经营绩效，从长远看，有利于推动农业生产的专业化和规模化。

（2）促进农业产出现代化

历史经验昭示，我国社会稳定之基维系于农民群体，而农民的安泰生活根本依托于粮食的充足。作为农民经济收入的主要构成部分，农业产值的提升不仅直接关系到农户经济状况的改善，更是维护国家粮食安全战略的重要保障。虽然我国粮食总产量持续创下新高，市场供给相对充裕，但粮食安全保障体系仍存在明显脆弱性。统计数据显示，我国属于全球自然灾害多发且损失严重的国家，1978—2021 年，农业受灾面积和成灾面积占全国耕地面积的比例分别高达 27.5% 和 14.3%。在当前农业风险保障机制尚不健全的情况下，小规模经营农户普遍存在“撂荒”行为，造成耕地资源浪费，形成国家粮食安全的漏洞。

农业保险的“事前预防、事中控制、事后赔偿”功能，能够显著促进农业生产的稳定性和再生产过程的持续性，进而激发农民的生产主动性和积极性，确保农产品供应的持续性和安全性（王菲，2024）。具体而言，保险公司依托于前沿科技与高效信息搜集能力，为农业生产者提供专业技术援助及灾害预防策略，旨在预先分散农业生产经营中的潜在风险，降低损失风险。一旦风险实际发生，农业保险的赔偿机制能够为农业生产提供及时而有效的援助，保障农业生产的持续稳定。此外，随着农业保险产品种类的不断丰富，对农业特色产业的扶持作用日益显著，有助于优化农业产业结构，促进农业向高质量和高效益转型。

（3）促进农村社会现代化

农业保险对农村社会现代化的多维赋能效应，体现为风险治理与社会经济转型的深度耦合。在微观层面，其增收效应源于风险分散机制的重构：通过将自然灾害、市场波动等不确定性转化为可量化、可转移的风险敞口，有效稳定农户收入预期。保险赔付在灾后及时填补生产损失，避免家庭资产负债表因突发风险事件而恶化，阻断因灾致贫的传导路径。收入流的稳定性增强，不仅保障基本生活消费弹性，更释放出农业再生产投资的边际空间，促使农户敢于采纳高附加值作物种植、智能农机应用等资本密集型生产方式，由此形成“风险保障—资本积累—技术升级”的良性循环。在中观层面，农业保险与农村金融体系的协同演进，重塑了乡村要素配置的底层逻辑。保险工具通过风险缓释功能，降低金融机构对抵押担保品的刚性依赖，使信贷风险评估从资产抵押转向经营能力评价，显著提升普惠金融的可及性。这种制度创新激活农村金融市场的“毛细血管”，引导信贷资金精准对接家庭农场、农业合作社等新型经营主体，为其规模扩张、设备更新提供流动性支撑。更为重要的是，保险与信贷的复合工具组合，推动农业产业链向加工、物流等高价值环节延伸，催生农产品电商、休闲农业等新业态，促进农村经济结构从单一生产型向三产融合型跃迁。在宏观层面，这种制度安排通过收入分配机制优化与生产要素重组，产生显著的社会治理外溢价值。消费维度上，农户风险抵御能力的增强直接转化为边际消费倾向的提升，家电下乡、住房改善等大宗消费需求持续释放，激活农村内需市场增长极。城乡关系维度上，农业保险托底作用的强化，有效平抑因自然风险导致的收入波动，缩小城乡居民可支配收入差距，缓解二元经济结构矛盾。社会进步维度上，风险保障网络与产业升级的协同发展，吸引青壮年劳动力返乡创业，推动传统乡土社会向现代乡村社区转型，为乡村振兴战略实施奠定人力资本与治理能力基础。这种多层次的制度效能，凸显农业保险在衔接经济安全与社会公平、统筹效率提升与包容性增长中的枢纽作用。

（4）促进农业可持续发展

农业保险在提供损失赔偿的同时，亦能有效遏制农用化学品的不当使用，进而减少碳排放及环境污染。这是因为在传统农业生产模式下，农户为追求产量最大化，往往存在过度使用化肥、农药等农用化学品的现象。这种行为不仅增加了生产成本，更对土壤、水体及大气环境造成了严重污染。而农业保险通过其内在机制，例如与生产方式挂钩的保险条款设计，促使农户减少对农用化学品的不合理依赖。当农户意识到遵循合理的生产规范，减少农用化学品使用，不仅不会降低产量，反而能因符合保险要求而获得稳定的风险保障时，便会主动调整生产行为，进而在微观层面实现减少碳排放及环境污染的效果。

此外，农业保险领域对绿色农业的关注日益增强，创新举措如耕地地力指数保险等，旨在通过对于采用绿色和环保生产方式的农民给予保费减免或补贴，鼓励农民减少化肥、农药的使用量，推动农户转向生态友好型耕作模式，助力实现农业可持续发展目标。并且促进农业资源合理利用，通过保险机制，指导农户科学规划耕地及灌溉用水等生产要素，防止资源过度消耗与不合理使用，实现农业生产要素的永续利用。例如，对于因合理休耕、轮作等保护土地肥力的行为给予保险政策支持，有助于维护农业生态系统的平衡。

5.2.3 农业现代化促进农业保险的作用机理

随着现代农业转型升级的深入推进，农业生产呈现规模化经营、专业化分工和多元化发展的显著特征，这一趋势对农业保险体系的完善与创新提出了更高的要求并带来了机遇。农业现代化进程中的技术创新、组织变革和产业升级，正在深刻重塑农业保险的发展路径和服务模式。在这一过程中，农业保险不仅作为风险管理的工具，更成为推动农业高质量发展的重要支撑，其作用主要体现在促进发展规模扩大、保障水平提高、保险结构优化和农业保险的可持续发展四个维度。

（1）促进发展规模扩大

农业现代化进程催生了新型农业经营主体的蓬勃发展，这些主体在经营规模、管理模式和风险特征等方面与传统小农户存在显著差异。农村合作社、家庭农场、农业产业化联合体等新型经营主体通过土地流转和规模经营，实现了生产要素的优化配置和规模效益的提升。然而，规模经营也意味着风险集中度的提高，一次自然灾害或市场波动就可能造成巨额损失。这种风险特征的变化，促使新型经营主体更加重视风险管理，对农业保险的需求呈现爆发式增长。土地规模化经营是农业现代化的重要标志。随着农村土地“三权分置”改革的深入推进，土地流转速度明显加快，农业生产正在从分散的小农经营向适度规模经营转变。规模经营主体在农机装备、设施农业、科技应用等方面的投入大幅增加，单位面积的生产成本显著提高。这种高投入、高产出的生产模式，使得经营主体对风险保障的需求更为迫切。为保障生产经营的稳定性，规模经营主体往往主动寻求全面的风险保障方案，这为农业保险市场的扩容提供了持续动力。农业保险规模的扩大还体现在覆盖地域的拓展和参保主体的增加。随着农业现代化水平的提升，原先保险覆盖不足的经济作物主产区、设施农业集中区和特色农产品优势区，正在成为农业保险新的增长点。同时，产业链上下游的各类新型经营主体纷纷加入保险体系，形成了多层次、广覆盖的保险需求网络。这种规模扩张不仅体现在保费收入的增长上，更表现为保险服务深度和广度的实质性提升。

（2）促进保障水平提高

农业现代化带来的生产专业化、产业多元化和业态创新化，对农业保险的保障水平提出了更高要求。在传统农业向现代农业转型的过程中，农业生产要素的构成发生深刻变化，科技、信息、品牌等新型要素的重要性日益凸显。这种要素结构的变化，促使农业保险从单一的物化成本保险，向包含人力资本、预期收益、质量安全等多元价值的综合保障转变。

农业产业链的延伸和整合是现代化农业的典型特征。从田间到餐桌的全产业链发展模式，使得农业风险的表现形式更加复杂多样。为应对这种变化，农业保险产品体系正在从单一的生产环节保险，向涵盖加工、储运、销售等全链条的综合性保障方案升级。特色农产品价格保险、农产品质量责任险、冷链物流保险等创新产品不断涌现，为产业链各环节提供精准的风险保障。

乡村新产业新业态的蓬勃发展，为农业保险创新提供了广阔空间。休闲农业、乡村旅游、农村电商等新兴领域，其风险特征与传统种养业存在显著差异。针对这些领域开发的专属保险产品，不仅保障了经营主体的物质投入，还涵盖了经营中断损失、第三者责任等新型风险。这种保障范围的拓展和保障深度的提升，有效满足了现代农业多元化发展的风险保障需求。

农业保险保障水平的提高还体现在理赔服务的优化上。现代化信息技术在查勘定损中的广泛应用，大大提高了理赔的精准度和时效性。卫星遥感、无人机航拍、移动定损等新技术手段的应用，使得保险机构能够快速响应农户需求，提供更加精准高效的理赔服务。这种服务能力的提升，进一步增强了农业保险的风险保障功能。

（3）促进保险结构优化

农业现代化进程的推进，为农业保险发展创造了更加有利的政策环境和市场条件。在国家强农惠农政策持续加力的背景下，农业保险的政策支持体系日益完善，为行业发展提供了坚实的制度保障。同时，农村基础设施的改善和市场竞争的加剧，也为农业保险服务能力的提升创造了有利条件。政策环境的持续优化是农业保险发展的重要推动力。中央一号文件连续多年对农业保险发展作出明确部署，各级政府部门相继出台配套政策措施。这些政策措施不仅明确了农业保险的战略定位和发展方向，还在财政补贴、税收优惠、监管创新等方面提供了有力支持。政策性农业保险与商业性农业保险的协同发展格局正在形成，为不同层次的保险需求提供了多样化选择。农村基础设施的全面改善为农业保险服务提供了硬件支撑。四通八达的农村公路网络、稳定可靠的电力供应和快速普及的移动通信，大大提升了保险服务的可及性和便利性。保险机构可以借助完善的基础设施网络，将服务触角延伸到最偏远的乡村，实现保险服务的全域覆盖。同时，良好的基础设施条件也为保险科技创新提供了应用场景，推动了服务模式的数字化转型。市场竞争的加剧促使保险机构不断提升服务能力和专业水平。随着农业保险市场的逐步成熟，参与主体的数量不断增加，服务质量成为竞争的关键因素。各保险机构纷纷加大科技投入和人才队伍建设，在产品创新、风险管控、客户服务等方面持续发力。这种良性竞争促进了行业整体服务水平的提升，为农户提供了更加优质的保险保障。

（4）促进农险发展的可持续性

数字技术与农业生产的深度融合，为农业保险的可持续发展提供了强大技术支撑。在大数据、物联网、人工智能等现代信息技术的赋能下，农业保险正在经历从传统模式向数字化、智能化方向的深刻变革。这种变革不仅提高了保险服务的效率和质量，还为风险管理提供了全新的解决方案。信息技术的深度应用显著提升了农业保险的风险管理能力。遥感监测、气象预警、病虫害预测等技术的综合运用，实现了对农业风险的精准识别和科学评估。区块链技术在保险合同执行和理赔过程中的应用，增强了业务透明度和可信度。这些技术创新大大降低了保险经营的信息不对称问题，为产品定价和风险管理提供了科学依据。数字化服务平台的建设极大改善了保险服务的可获得性。移动互联网的普及使得农户可以通过智能手机便捷地获取保险信息、办理投保手续和申请理赔服务。远程视频查勘、线上快速理赔等创新服务模式，打破了时空限制，让偏远地区的农户也能享受到高质量的保险服务。这种服务模式的创新，显著提升了农户的保险体验和满意度。数据要素的深度开发利用为保险创新提供了持续动力。农业生产经营数据的积累和分析，帮助保险机构更加精准地把握风险特征和保障需求。基于大数据的精准画像和风险分区，使得差异化定价和个性化服务成为可能。这种数据驱动的创新发展模式，正在成为农业保险高质量发展的新引擎。农业保险的可持续发展还体现在与绿色农业的协同推进上。随着农业绿色发展战略的深入实施，生态农业、循环农业等环境友好型生产方式快速推广。与之相适应的绿色保险产品体系正在形成，通过保险机制引导农户采用环保生产技术，促进农业生产与生态环境的协调发展。这种绿色发展理念的融入，为农业保险赋予了新的时代内涵。详见图 5－1。

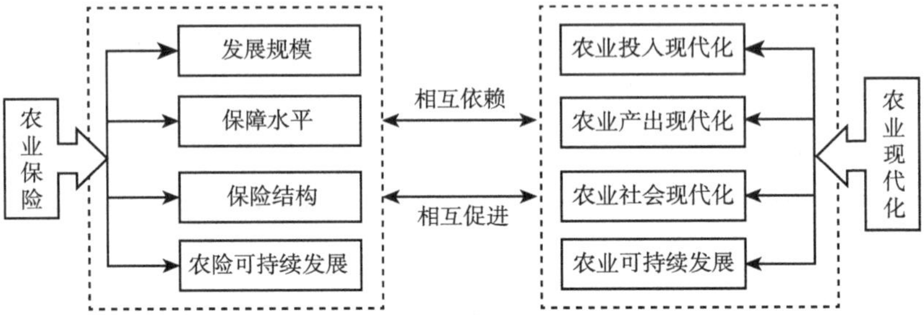

图5-1 农业保险与农业现代化的机制

5.3 农业保险与农业现代化耦合协调发展的理论模型

农业保险与农业现代化的耦合协调模型以“需求—供给”的动态适配为核心机制，以技术创新与政策协同为双向驱动力，旨在通过多层次互动实现农业系统的风险可控性、效益增长潜力与可持续发展能力的多维度平衡。这一模型强调，农业现代化进程与农业保险体系并非孤立运行，而是通过功能互补与资源整合形成有机整体，最终构建起更具韧性和竞争力的现代农业生态。

农业现代化与农业保险的深度依存构成两者耦合协调的基础条件。农业现代化通过技术创新重构农业生产方式，规模化经营提升资源集约化水平，产业链延伸拓展价值创造维度，这些变革催生出对风险管理工具的更高要求，推动农业保险从传统灾害补偿向全周期、多场景的风险防控服务升级。同时，现代农业对数字化技术的广泛应用，为保险产品精算模型优化、承保流程效率提升及服务响应速度加快提供了技术赋能，显著降低保险业务的边际成本。反观农业保险，其风险分散机制与经济补偿功能为农业经营主体采纳新技术、扩大生产投入提供了风险缓冲，而保险资金的特殊属性则为农业基础设施升级与绿色技术推广注入长期资本，助推传统农业向现代化转型的平稳过渡。

实现耦合协调的关键在于供需两端的高效匹配与协同演进。供给端需依据农业现代化进程中呈现的区域产业特征、风险结构变迁及主体需求差异，动态调整保险产品体系与服务模式，借助数据共享与模型迭代提升风险识别的精准度与产品设计的适配性。需求端则要求保险保障范围持续拓展至现代农业全产业链，覆盖技术应用、市场波动、生态安全等新兴风险领域。在此过程中，技术创新与政策设计形成双重协同路径：前者通过数字技术融合提升保险服务与农业生产的数据交互能力，后者通过制度创新引导金融资源向现代农业关键领域集聚，构建风险保障与产业升级的良性循环。

耦合协调的终极目标体现为系统功能的整体优化与可持续发展。短期聚焦风险化解与效益提升，农业保险通过稳定经营主体预期增强现代化生产模式的抗风险能力，而农业现代化则通过提质增效为保险市场扩展可保边界与利润空间。长期着眼于系统韧性构建与生态价值释放，二者协同推动形成覆盖风险预防、损失控制与恢复重建的全链条管理机制，并通过绿色金融工具创新促进农业生产方式向环境友好型转型。在此过程中，保险机制的普及不仅强化农民的风险管理意识，更成为现代化技术推广与社会认知提升的重要纽带，最终实现经济效益、生态效益与社会效益的协同共进。

5.4 本章小结

本章系统探讨了农业保险与农业现代化耦合协调发展的机理。首先，界定了耦合协调发展的核心内涵，强调二者通过资源互补与功能协同形成良性互动关系，并归纳其现代化耦合协调发展的核心特征，其次，从内在逻辑出发，剖析二者耦合的动因，并揭示其相互作用机理，最后，构建理论模型阐明二者耦合协调的系统性框架。研究表明，农业保险与农业现代化存在显著的协同共生关系，需通过政策引导与市场机制促进深度融合，为农业高质量发展提供理论依据与实践路径。

第 6 章

农业保险与农业现代化耦合协调发展的测度分析

本章基于耦合协调模型与时空分析方法，定量测度二者协调发展水平。通过构建评价指标体系，测算耦合协调度并分析其时空演化特征，揭示区域差异与动态演进规律。此章将理论机理转化为可量化结论，既验证前文理论模型的适用性，也为第7章探究影响因素提供数据基础，更从实证层面刻画耦合协调发展的现实途径。

6.1　评价指标体系构建与测度

6.1.1　测度方法介绍

（1）熵权法

基于数据的可得性和完整性，本书选取的数据是中国30个省份2007—2022年的统计数据，不包括西藏、香港、台湾和澳门地区。借鉴以往研究，本书选用可信度较高的熵权法，计算农业保险与农业现代化评价指标体系的权重。具体步骤如下：

第一，数据标准化处理：鉴于不同指标单位可能引发的测算误差，本书采取数据标准化策略，针对正向指标，依照以下公式进行操作：

$$Z_{ij} = \frac{x_{ij} - \min(x_{ij})}{\max(x_{ij}) - \min(x_{ij})} \tag{6-1}$$

对于负向指标，按照如下公式处理：

$$Z_{ij} = \frac{\max(x_{ij}) - x_{ij}}{\max(x_{ij}) - \min(x_{ij})} \tag{6-2}$$

式中，i表示各省市；j表示各指标。标准化处理后各个指标取值结果在0－1。

第二，计算第k项指标的权重，公式如下：

$$P_{ij} = \frac{Z_{ij}}{\sum_i Z_{ij}} \tag{6-3}$$

第三，计算第 k 项指标的熵值：

$$e_k = -\frac{1}{\ln(n)}\sum_i P_{ij}\ln(P_{ij}) \tag{6-4}$$

式中，n 表示观测值数量。

第四，计算第 k 项指标的差异性系数：

$$g_k = 1 - e_k \tag{6-5}$$

第五，计算指标权重，公式如下：

$$w_k = \frac{g_k}{\sum_k g_k} \tag{6-6}$$

第六，利用公式计算综合指数：

$$M_{ij} = \sum_k w_k Z_{ij} \tag{6-7}$$

（2）核密度估计法

核密度估计作为一种研究不均衡分布的常用方法，其显著特点是低模型依赖性及出色的稳健性，因此该方法在非均衡分布研究中具有广泛应用价值。其核心功能在于通过连续密度曲线准确描述随机变量的概率分布特征。具体而言，当随机变量 X 的概率密度函数表示为 f(x) 时，可利用公式（6－8）计算任意 x 点处的概率密度值。在公式（6－9）中，N 代表观测数据的数量，K(·) 代表核函数，表示独立同分布的观测数据，x 表示数据的均值；h 表示带宽参数，带宽值越小，所得到的密度函数曲线的平滑度越低，但估计的精度则相应提高，因此，在实际应用中应尽量选取较小的带宽值。

$$f(x) = \frac{1}{Nh}\sum_{i=1}^{N} K\left(\frac{X_i - x}{h}\right) \tag{6-8}$$

$$K(x) = \frac{1}{\sqrt{2\pi}}\exp\left(-\frac{x^2}{2}\right) \tag{6-9}$$

（3）标准差椭圆

通过标准差椭圆模型能够直观地展现我国农业保险与农业现代化耦合协调发展的地理空间分布特征及其重心变迁路径。该模型在本质上阐释了农业保险与农业现代化协同发展的空间布局合理性，对于研究我国两者耦合协调度在空间维度上的动态演进规律具有重要意义。标准差椭圆的关键构成要素涵盖其转角以及 x 轴和 y 轴方向上的标准差值。具体见公式（6－10）至公式（6－17）。

$$x'_i = x_i - x_0 \tag{6-10}$$

$$y'_i = y_i - y_0 \tag{6-11}$$

$$b = \sum_{i=1}^{n} w_i^2 x_i'^2 - \sum_{i=1}^{n} w_i^2 y_i'^2 \tag{6-12}$$

$$c = \sqrt{\left(\sum_{i=1}^{n} w_i^2 x_i'^2 - \sum_{i=1}^{n} w_i^2 y_i'^2\right)^2 + 4\sum_{i=1}^{n} w_i^2 x_i'^2 y_i'^2} \tag{6-13}$$

$$\mathrm{d} = 2\sum_{i=1}^{n} w_i^2 x'_i y'_i \tag{6-14}$$

$$\tan\theta = \frac{b+c}{d} \tag{6-15}$$

$$\alpha = \sqrt{\frac{\sum_{i=1}^{n}(w_i x'_i \cos\theta - w_i y'_i \sin\theta)^2}{\sum_{i=1}^{n} w_i^2}} \tag{6-16}$$

$$\beta = \sqrt{\frac{\sum_{i=1}^{n}(w_i x'_i \sin\theta - w_i y'_i \cos\theta)^2}{\sum_{i=1}^{n} w_i^2}} \tag{6-17}$$

以上各式中，(x_0, y_0) 表示重心的坐标，(x_i, y_i) 表示省份 i 的坐标，w_i 表示省份 i 的耦合协调度，α 与 β 分别表示沿 x 轴的标准差和沿 y 轴的标准差，两者可以研究耦合协调度的方向性和分布范围。tanθ 可以得到椭圆分布格局的转角，据此研究空间分布的转移方向及角度。重心公式则可由公式（6－18）得到：

$$x_0 = \frac{\sum_{i=1}^{n} w_i x_i}{\sum_{i=1}^{n} w_i} \qquad y_0 = \frac{\sum_{i=1}^{n} w_i y_i}{\sum_{i=1}^{n} w_i} \tag{6-18}$$

6.1.2 农业保险评价指标体系构建与测度

参考李琴英（2021）和中国保险监督管理委员会（2014）的研究，构建代表农业保险发展水平的指标体系，选定以下评估指标：农业保险保费收入，体现农业保险的绝对规模；农业保险深度，体现农业保险在整个农村经济中的作用；农业保险密度，体现农业生产经营者的参保现状；农业保险赔付支出和农业保险保障水平，体现农业保险在减轻自然灾害对农业生产者经济影响方面的实际效果，是衡量农业保险保障能力与农户受损后恢复能力的重要指标；农业保险市场的占有率，反映农业保险市场的整体状况和发展趋势。详见表 6－1。

表 6－1　农业保险评价指标体系

一级指标	二级指标	具体含义	单位	权重
发展规模	农业保险保费收入	当年的农业保险保费收入	百万元	0.082
	农业保险赔付支出	农业保险公司的赔付总额	百万元	0.093
保障水平	农业保险密度	农业保险保费收入/农业从业人口	元/人	0.123
	农业保险深度	农业保险保费收入/第一产业增加值	%	0.090
	赔付率	农业保险赔付支出/保费收入	%	0.023
	单位受灾面积赔偿金额	农险赔付支出/受灾面积	万元/公顷	0.358
保险结构	保费收入占比	农险保费支出/财险保费总收入	%	0.069
	赔付支出占比	农险赔付支出/财险赔付总支出	%	0.116
可持续性	农险保费收入年增长率	当年保费收入/上年保费收入－1	%	0.013
	农险赔款支出年增长率	当年保费收入/上年保费收入－1	%	0.032

图 6－1 为 2009—2022 年我国农业保险指数核密度估计，由于年份范围较长，本书选取 2009 年、2012 年、2015 年、2018 年、2021 年、2022 年 6 个年份来代表，以此探寻我国农业保险发展的演变趋势。

图 6－1 显示，我国农业保险的核密度分布中心呈右移趋势，揭示了农业保险总体发展态势的持续上升。伴随时间的演变，核密度分布的宽度

显著增加，2011 年的峰值约为 0.2，而 2020 年则上升至 0.3 以上，凸显了各省农业保险发展差距的显著扩大。同时，波峰的峰位随时间递减，峰高亦显著下降，进一步印证了农业保险发展差异的持续扩大。在所选时间段内，核密度分布普遍呈现主峰与侧峰的双重结构，暗示了农业保险发展的层级性特征，多数省份处于较低发展水平。然而，至 2022 年，核密度分布呈现单一主峰，预示着层级差异的减弱，表明更多省份的农业保险发展趋于集中，而仅有少数省份的发展速度显著快慢不一。随着时间的演化，观测到的波峰在垂直维度上的高度呈现下降趋势，同时其水平伸展范围有所扩展，这表明核密度函数的正态分布中心点正向数值减小的区域移动，揭示了我国农业保险领域区域间差距呈现扩大的动态特征。

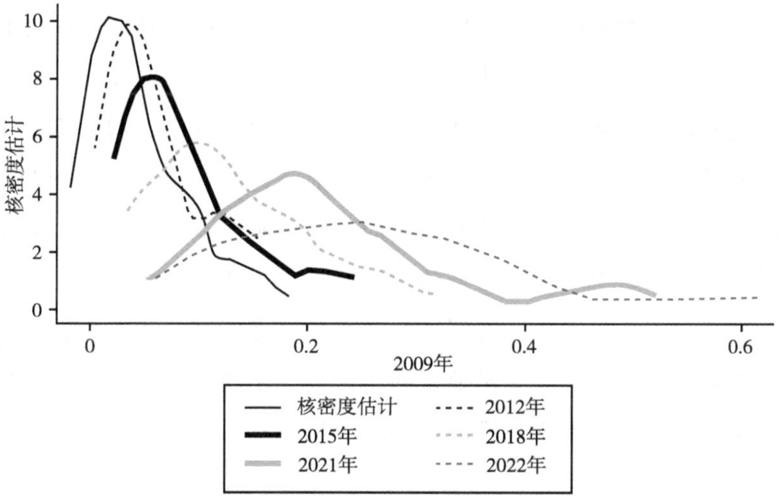

图 6－1　农业保险核密度

依托国家统计局对中国经济区域的分类标准，本书旨在从全国及区域两个维度探讨农业保险与农业现代化之间的协同发展态势。全国范围内除台湾省及香港、澳门两个特别行政区外的 31 个省、自治区和直辖市的具体区域归属情况详见表6－2。

表 6－2　　　　　　　　　　我国经济区域划分

区域	区域包括省份
东部	北京、天津、广东、海南、河北、江苏、山东、上海、浙江、福建
东北	黑龙江、吉林、辽宁
中部	安徽、河南、湖北、湖南、江西、山西
西部	甘肃、广西、贵州、内蒙古、宁夏、青海、陕西、四川、新疆、云南、重庆、西藏

资料来源：国家统计局。

对四大区域的农业保险发展态势进行深入分析（根据研究需要，西藏自治区虽属西部，但未纳入研究样本），并通过绘制趋势演变图表进行直观展示。综合观察四大区域的发展趋势图表，可以发现这些区域的农业保险发展水平普遍呈现上升趋势，整体趋势与全国水平相一致，特别是在西部地区之外，大多数区域均经历了从缓慢增长向快速增长转变的过程。西部地区除了新疆、内蒙古和陕西三省份的农业保险指数较高外，其余省份均发展缓慢且保持在低位。另外东部地区发展水平最高，但北京、上海的发展水平远领先于其他省份。其次是东北地区，研究期内，尽管初期其农业保险覆盖水平超过了中部地区，然而在后期阶段，中部地区展现出追赶的势头。这一现象说明不同区域的发展节奏存在差异，进而佐证了我国农业保险发展呈现出层级化的特征。对各个区域进行进一步分析，发现内部省份在农业保险发展上呈现出显著的差异性，呈现分层现象，并且随着时间的推移，这种差异呈现加剧的趋势。详见图 6－2。

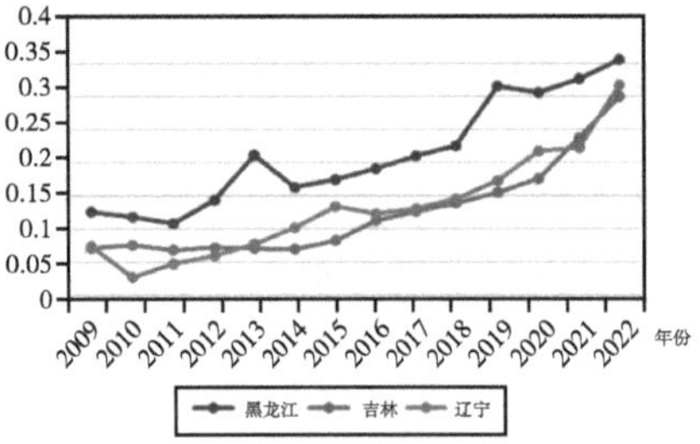

（a）东北地区

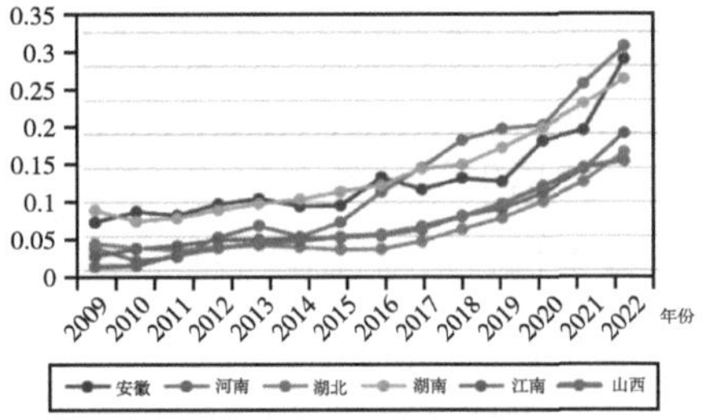

（b）中部地区

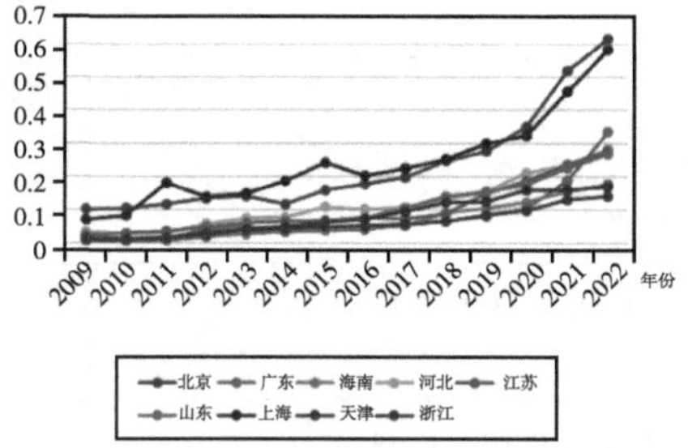

（c）东部地区

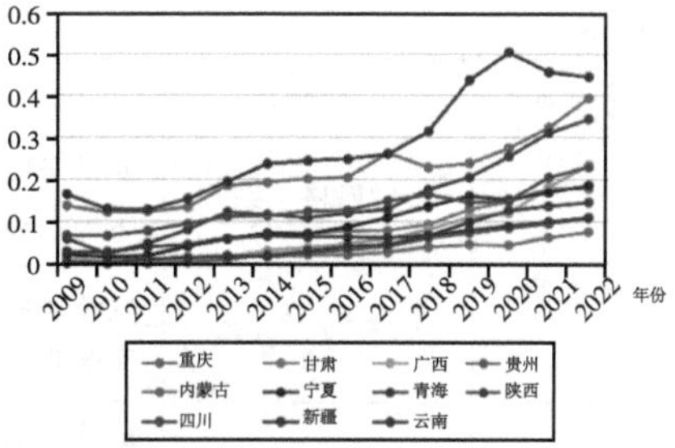

（d）西部地区

图 6 – 2　四大区域农业保险发展指数趋势演变

6.1.3　农业现代化评价指标体系的构建与测度

农业现代化是一个区域内农业经济发展水平的直接反映。本书借鉴黄静、余国新、胡殿毅 和张小允相关指标的选取，从农业投入水平、农业产出水平、农村社会水平、农业可持续发展四个方面测度农业现代化，构建指标体系及指标权重，结果见表 6 – 3。

表 6 – 3　　　　　　　　农业现代化评价指标体系

一级指标	二级指标	具体含义	单位	属性
农业投入水平	劳动生产率	农林牧渔业增加值/第一产业从业数	万元/人	+
	单位面积农业机械总动力	农业机械总动力/播种面积	千瓦/公顷	+
农业产出水平	粮食单位面积产量	粮食产量/播种面积	公斤/公顷	+
	人均农林牧渔业总产值	农林牧渔业总产值/乡村人口	万元/人	+
	人均农民专业合作社数量	农民专业合作社数量/乡村人口	个/万人	+
	人均农产品加工业产值	农产品加工业产值/乡村人口	万元/人	+

续表

一级指标	二级指标	具体含义	单位	属性
农村社会发展水平	农村恩格尔系数	农村居民人均食品烟酒支出/农村居民人均消费支出	%	+
	城乡收入差距	城镇居民可支配收入/农村居民可支配收入	%	
农业可持续发展	水土流失治理面积	通过实施水土保持措施，达到国家治理标准的土地面积	公顷	+
	单位面积农药施用量	农药施用量/播种面积	吨/公顷	-
	单位播种面积化肥施用量	化肥施用量/播种面积	吨/公顷	-

为精准衡量各指标的重要程度，采用熵值法这一客观赋权手段，经对农业投入现代化、农业产出现代化、农村社会现代化、农业可持续发展等子系统下的具体指标数据进行处理与运算，得到农业现代化评价指标体系各指标权重。计算结果见表6-4。

表6-4　农业现代化评价指标权重

子系统	一级指标	权重	二级指标	权重	属性
农业现代化	农业投入现代化	0.192	劳动生产率	0.102	+
			单位面积农业机械总动力	0.090	+
	农业产出现代化	0.514	粮食单位面积产量	0.048	+
			人均农林牧渔业总产值	0.098	+
			人均农民专业合作社数量	0.154	+
			人均农产品加工业产值	0.214	+
	农村社会现代化	0.102	农村恩格尔系数	0.074	+
			城乡收入差距	0.028	-
	农业可持续发展	0.191	水土流失治理面积	0.147	+
			单位面积农药施用量	0.014	-
			单位播种面积化肥施用量	0.030	-

采用核密度估计方法，对2011—2022年中国农业现代化发展水平进

行了可视化分析（见图6－3）。为全面反映长期演变趋势，在数据处理过程中特别选取了2009年、2012年、2015年、2018年、2021年及2022年六个关键时间节点的数据进行重点呈现。

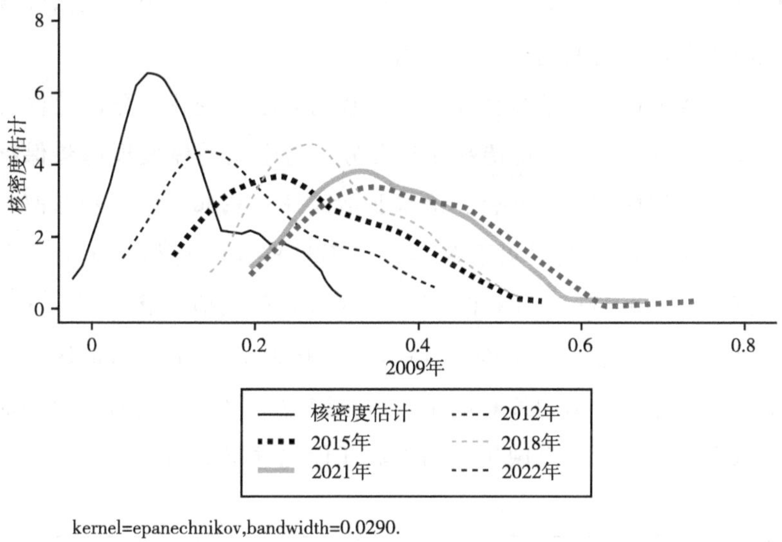

图6－3 农业现代化核密度估计

图6－3显示，我国农业现代化的发展水平核密度函数的峰值随时间推移向右侧迁移，发展水平的均值自2009年的0.119增长至2022年的0.389，增幅超过两倍，这一变化趋势揭示了我国农业现代化进程整体表现为显著且迅猛的增长态势。然而，伴随时间的推移，核密度曲线的离散程度也在逐步扩大。2011年的极值接近0.2，2020年的数据峰值显著高于0.3，这一现象揭示了我国各省份在农业现代化进程中的发展差距呈现加剧趋势。值得注意的是，曲线波峰高度随时间推移逐渐降低，分布形态趋于扁平化，这进一步验证了各省份间农业现代化进程非均衡性日益突出的客观事实。同时，随着时间的推移，波峰的高度逐渐降低，波形也趋于平缓，进一步印证了我国各省份农业现代化发展不平衡性的加剧。在考察的年份中，核密度曲线普遍呈现一个主峰和一个次峰的特征，尤其在2009年出现了两个次峰，这一发现揭示了我国农业现代化发展呈现明显的分层

特征，大多数省份的发展水平相对较低。然而，在研究期限的末端，核密度曲线的分层现象有所减弱，仅有少数省份表现出发展速度的显著差异。2022 年度，诸多省份的农业现代化发展指数集中在 0.3 区域，显示出农业现代化整体水平尚未达到较高标准，这一现象从侧面揭示了我国农业现代化进程与既定目标之间尚存一定距离。

通过对四大区域农业现代化发展指数的时空演变特征分析发现（如图 6－4 所示），各区域均呈现持续上升态势，与全国整体发展趋势保持高度一致性。就区域内部差异而言，除东北地区外，东部、中部和西部三大区域的省际农业现代化发展水平差异呈现逐步扩大的趋势。从发展水平来看，东部地区（0.471）和东北地区（0.462）的均值显著高于全国平均水平（0.389），中部地区（0.366）略低于全国均值，而西部地区（0.309）发展水平最为滞后。值得注意的是，占全国省份比重较大的中西部地区整体发展水平相对落后，反映出我国农业现代化进程仍需持续推进。在增长

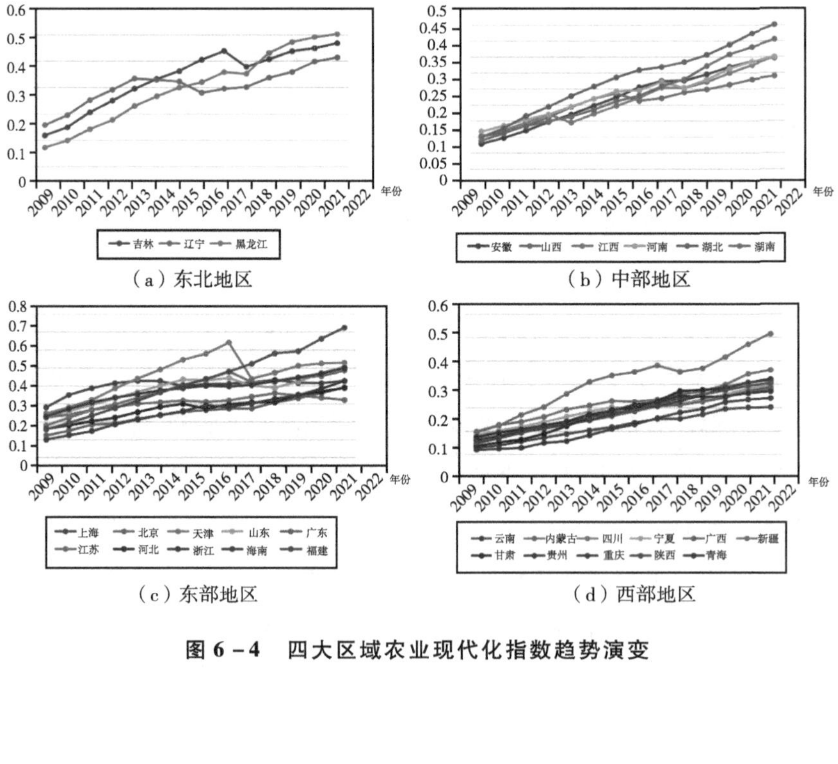

（a）东北地区　（b）中部地区　（c）东部地区　（d）西部地区

图 6－4　四大区域农业现代化指数趋势演变

速度方面，西部地区以 13% 的年均增速位居首位，东北地区（11%）次之，均超过全国平均增速；中部地区（10%）和东部地区（7%）增速相对较缓，西部地区呈现出“低水平高增长”的典型特征，也反映西部地区十年前农业基础非常薄弱，仍有较大的提升空间，可以预见未来农业现代化发展会逐渐趋向于平衡的趋势。

6.2　耦合协调发展水平测度

6.2.1　耦合协调模型构建

农业保险与农业现代化两大系统间的耦合度主要用于评估其相互作用的紧密程度，而协调度则作为衡量两者协同进步与健康发展状况的关键指标。本研究旨在通过构建耦合协调度模型，评估我国省际层面农业保险与农业现代化系统间的相互作用强度及其协调发展的状况，参考赵文举等（2022）的方法，构建如下模型：

$$U=\left\{\frac{k_i \times h_i}{\left(\frac{k_i+h_i}{2}\right)^2}\right\}^2 \tag{6-19}$$

$$T=\alpha \times k_i+\beta * h_i \tag{6-20}$$

$$D=\sqrt{U \times T} \tag{6-21}$$

式（6－19）（6－20）（6－21）中：U 为耦合系数，k_i 为各省域的农业保险指数，保险与农业现代化发展指数对协调度的贡献。本书认为二者对耦合协调度的促进作用无显著差异，故赋予各自权重 0.5。其中，D 指标代表农业保险与农业现代化之间的耦合协调度，其数值高低与耦合协调等级呈正相关态势。本书在深入剖析研究实体具体属性的基础上，参考谭燕芝等学者（2021）对国内各省份农业保险与农业现代化关联性的层级分类方法，对协调类型进行了相应的层级划分，详见表 6－5。

表 6-5　农业保险与农业现代化耦合协调度的等级划分标准

发展阶段	耦合协调度	耦合协调等级	发展阶段	耦合协调度	耦合协调等级
失调阶段	(0, 0.1)	极度失调	协调阶段	[0.5, 0.6)	勉强协调
	[0.1, 0.2)	严重失调		[0.6, 0.7)	初级协调
	[0.2, 0.3)	中度失调		[0.7, 0.8)	良好协调
	[0.3, 0.4)	轻度失调		[0.8, 0.9)	高度协调
	[0.4, 0.5)	濒临失调		[0.9, 1.0]	优质协调

6.2.2 耦合协调度测算

通过构建农业保险与农业现代化发展指数，并采用耦合协调度模型进行计量分析，本研究计算出研究期内各省份农业保险与农业现代化发展的耦合协调水平。由于研究时段较长，这里只选取展示 2009 年、2013 年、2017 年、2021 年、2022 年的数据，并按 2022 年的数据进行排名，结果如表 6-6 所示。

表 6-6　我国各省份农业保险与农业现代化耦合协调度

地区	2009 年	2013 年	2017 年	2021 年	2022 年	排名	均值
上海	0.322	0.426	0.462	0.562	0.603	1	0.461
内蒙古	0.272	0.386	0.491	0.532	0.575	2	0.420
北京	0.331	0.390	0.425	0.547	0.566	3	0.426
黑龙江	0.249	0.403	0.450	0.545	0.559	4	0.415
新疆	0.279	0.366	0.421	0.548	0.548	5	0.414
江苏	0.224	0.335	0.393	0.516	0.546	6	0.379
山东	0.264	0.352	0.426	0.514	0.545	7	0.382
河南	0.219	0.293	0.401	0.493	0.520	8	0.352
吉林	0.245	0.312	0.407	0.479	0.517	9	0.367
辽宁	0.269	0.310	0.369	0.462	0.514	10	0.365
湖南	0.251	0.309	0.387	0.488	0.514	11	0.363

续表

地区	2009 年	2013 年	2017 年	2021 年	2022 年	排名	均值
河北	0. 239	0. 326	0. 371	0. 481	0. 512	12	0. 360
安徽	0. 222	0. 317	0. 375	0. 452	0. 508	13	0. 355
广东	0. 178	0. 229	0. 304	0. 426	0. 499	14	0. 284
天津	0. 247	0. 312	0. 421	0. 467	0. 476	15	0. 362
湖北	0. 213	0. 274	0. 312	0. 429	0. 470	16	0. 313
浙江	0. 247	0. 318	0. 354	0. 455	0. 465	17	0. 344
广西	0. 139	0. 182	0. 292	0. 423	0. 457	18	0. 274
四川	0. 222	0. 300	0. 372	0. 436	0. 449	19	0. 337
江西	0. 188	0. 244	0. 305	0. 403	0. 448	20	0. 295
海南	0. 146	0. 227	0. 290	0. 415	0. 441	21	0. 292
甘肃	0. 223	0. 271	0. 322	0. 428	0. 435	22	0. 309
福建	0. 196	0. 267	0. 324	0. 395	0. 417	23	0. 304
青海	0. 205	0. 221	0. 303	0. 394	0. 404	24	0. 281
宁夏	0. 173	0. 247	0. 322	0. 397	0. 401	25	0. 291
陕西	0. 163	0. 221	0. 274	0. 391	0. 396	26	0. 265
山西	0. 214	0. 256	0. 295	0. 390	0. 395	27	0. 290
贵州	0. 146	0. 145	0. 245	0. 341	0. 359	28	0. 224
重庆	0. 173	0. 209	0. 255	0. 346	0. 355	29	0. 246
云南	0. 152	0. 232	0. 277	0. 336	0. 349	30	0. 257

就耦合协调度均值的分布情况而言，居前 10 位的省份涵盖了东部、中部以及东北部地区，其中东北部地区的 3 个省份全部进入前 10 位。相反，居耦合协调度末位的 10 个省份中，西部地区占据了 7 个席位（占比达到 63. 6%），而东部地区则占据了两个位置（占比为 20%），中部地区占了 1 位（占中部地区的 16. 67%）。这表明当前我国农业保险与农业现代化耦合协调发展水平较高的省份主要集中在东北地区、中部地区的农业大省，和一些经济发达的东部地区的一些省市。进一步观察表明，在我国

不同省份间，农业保险与农业现代化的耦合协调发展存在明显的东部地区、西部地区差异和南北差距，其中西部地区耦合协调度整体上偏低。这一现象从侧面揭示了我国省域农业保险与农业现代化耦合协调度呈现出的显著异质性和空间聚集特性。依据 2022 年的数据，仅上海市达到了初级协调水平，居前 13 位的省份勉强达到协调阶段，而最后 5 个省份则处于轻度失调状态。这反映了我国农业保险与农业现代化耦合协调程度还有更高的发展空间。耦合协调度均值最高的上海比耦合协调度均值最低的云南高 0.254，说明我国省份农业保险与农业现代化耦合协调发展存在着极化现象。

总体来看，我国农业保险与农业现代化耦合协调度较高的省份多分布于农业基础较好以及经济发达的地区，而西部地区耦合协调程度较差。分析其背后的成因，可能与东部地区经济的高度发展有关，除农业领域外，第二、第三产业也呈现繁荣态势，且具备较为丰厚的资金和资源储备；而东北地区、中部地区因其自然禀赋，农业生产方面发展迅速，因此农业现代化程度较高。反之，农业现代化的进程也对当地农业保险的进步起到积极的促进作用，两者呈现较为显著的协同增长态势。然而，西部地区的农业保险尚未能有效激发农业发展活力，导致该区域两者的耦合协调水平相对较低。

6.3 耦合协调度时空分析

6.3.1 时间维度分析

图 6 – 5 显示，在研究时段内我国四大区域的农业保险与农业现代化进程中的耦合协调度整体呈现持续提升态势，但不同区域间存在明显的空间异质性特征。从地域分布来看，东北及东部沿海地区的协调水平始终保持着相对优势地位，并超过全国平均水平：中部地区则位于中间水平，与

全国耦合协调状况基本持平；西部地区则持续处于末位。

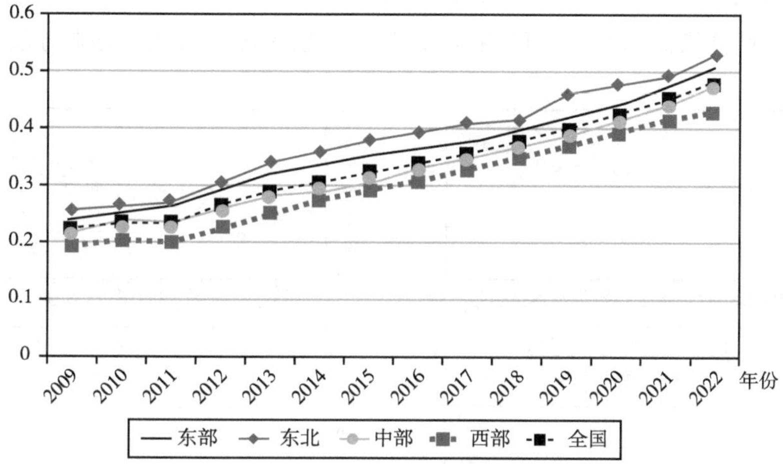

图 6 – 5　区域耦合协调度演变

从图 6 – 6 所展示的四大区域耦合协调度演变轨迹中可以看出，各省份均显示出上升趋势。具体而言：图 6 – 6（c）显示，东部区域中耦合协调度位列前三的省份为北京、上海及江苏，而耦合协调度相对较低的前三名省份则依次为广东、海南和福建。此外，东部区域农业保险与农业现代化之间的耦合协调度在 2022 年普遍超过 0.4。图 6 – 6（a）显示，在东北地区，辽宁省在早期阶段的耦合协调度相对较高，紧随其后的是黑龙江省，而吉林省则位居末位。然而，自 2012 年起，黑龙江省的耦合协调度逐渐超越吉林和辽宁两省。就耦合协同等级而言，东北三省整体由中度失调状态向勉强协调阶段过渡，可见东北地区尤其是黑龙江省的农业保险与农业现代化耦合协调发展取得显著性进展，实现了质的飞跃。图 6 – 6（b）显示，整个研究时期河南、湖南和安徽农业保险与农业现代化耦合协调情况发展较好，在 2022 年达到了勉强协调阶段，其余省份稍微差些，还处于濒临失调阶段。图 6 – 6（d）显示，研究初期西部地区各省份间的耦合协调发展差距相差较大，随着时间的进展，这种差异呈现出逐步加深的态势。在这一过程中，部分省份展现出较为显著的耦合协调发展态势，其中耦合协调发展较好的是内蒙古和新疆，在 2022 年达到了勉强协调阶段，而陕西、贵州、云南和重庆耦合协调度最差，仅处于轻度失调阶段，耦合协调度最高与最低省份相差 0.226，可以看出西部地区存在分层现象。

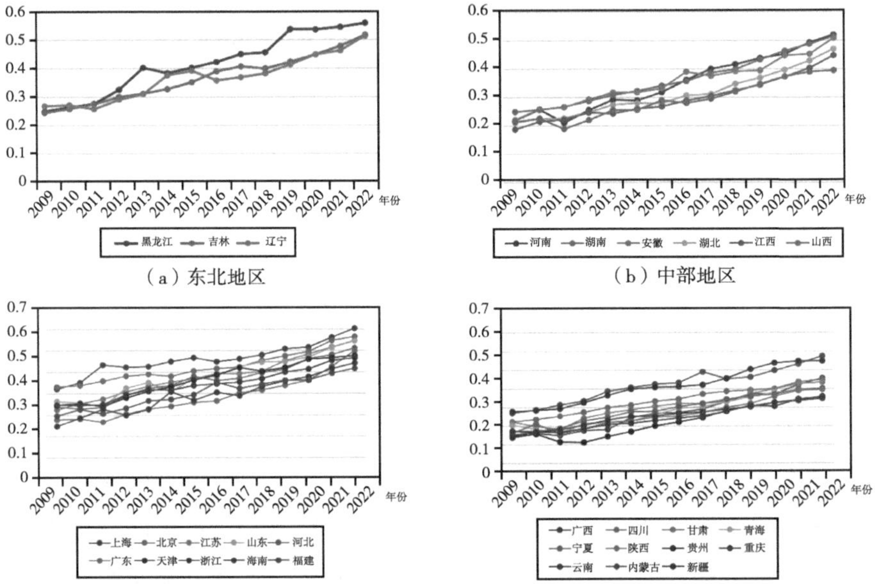

（a）东北地区　（b）中部地区　（c）东部地区　（d）西部地区

图 6－6　四大区域耦合协调度趋势

6.3.2　空间维度分析

在空间维度分析中，因研究时段较长，本书选取 2009 年、2013 年、2017 年、2022 年四个时间节点展开分析。从总体上来说，我国农业保险与农业现代化的发展耦合存在显著的南北、东西差异。北方与东部地区耦合协调度普遍高于南方与西部地区，从沿海地带到内陆地区，耦合协调度呈逐渐下降趋势。在动态演进方面，2011 年，北部与西南部耦合协调度差异较小，但随时间的推移差距不断扩大，最大差距达到三个协调等级；到 2020 年，东部与西部的耦合协调度差异仅为一个等级。由此可知，考察期内，我国西部地区农业保险与农业现代化之间耦合协调度增长速度较慢，耦合协调差距呈扩大态势。

进一步从省域层面分析，农业保险与农业现代化的耦合协调度空间分布特征呈现明显区域集聚现象。研究发现，我国北部沿海和东南沿海省份耦合协调水平普遍较高，而西部省份耦合协调程度相对较低，这种分布格局体现出较强的空间关联性。

6.4 耦合协调度发展的动态演进

6.4.1 核密度估计

本书采用耦合协调度模型，进而评估各省份在指定研究期间内农业保险与农业现代化进程的耦合协调水平。通过对2009—2022年的六个关键年份进行耦合协调度分析，并绘制相应的核密度估计图（见图6-7），本研究旨在揭示我国农业保险与农业现代化之间耦合协调度的动态演变轨迹。

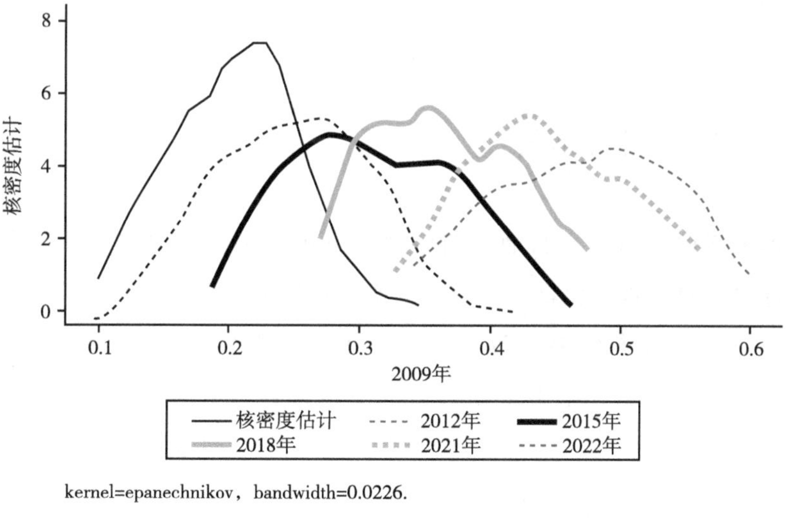

图6-7 耦合协调度核密度估计

由图6-7可知，我国农业保险与农业现代化之间的耦合协调度核密度曲线中心点呈右移趋势，这一现象揭示了两者耦合协调发展的总体态势系呈上升走向，即从原本的失衡状态逐步趋向平衡协调。然而，伴随时间的演变，核密度曲线的宽度也呈现增广之势，2009年的极值不到0.2，而到2022年的极值达到0.255，研究表明，我国各省份间农业保险与农业现代化协同发展的协调性差距持续扩大，呈现明显的分化趋势。同时，随着时间的推移，这一领域的协同发展高峰逐渐减弱，波峰高度也呈下降趋势，这进一步证实了我国各省份在农业保险与农业现代化协同协调发展方面存在的差异性日益加剧。一些省市农业保险与农业现代化耦合协调程度快速发展达到了协调阶段，而另一些省市发展缓慢仍处于失调阶段。在2018年，核密度估计曲线呈现出一个中心主峰及两侧各一个次峰的分布特征，这一现象揭示了我国农业保险与农业现代化发展之间耦合协调度的分布存在明显的层次差异，特别是大多数省份表现出显著的失调状态。而在研究后期，该分层现象呈现逐步缓解的趋势，众多省份的农业保险与农业现代化之间的耦合协调度呈现出较为同步的发展态势，进而推动我国整体耦合协调度向均衡化的方向发展。

6.4.2 标准差椭圆

本书运用ArcGis平台的空间可视化分析方法，对2009—2022年我国农业保险与农业现代化耦合协调度的空间格局演变特征进行解析，并结合表6-7的实证分析结果，揭示了二者协同发展的时空演变规律。考虑到研究时间跨度较长，本书采用代表性年份抽样方法，重点选取2009年、2012年、2015年、2018年及2022年五个关键时间节点进行标准差椭圆分析。

表6-7 两系统耦合协调度标准差椭圆的参数变化

年份	椭圆面积（平方千米）	短轴（千米）	长轴（千米）	转角（度）
2009	3.73×10^6	1047.21	1134.49	49.22
2014	3.90×10^6	1005.50	1145.23	28.28
2017	3.78×10^6	1035.87	1161.57	35.60
2022	3.76×10^6	1033.02	1159.99	30.21

在2009—2013年，我国农业保险与农业现代化耦合协调标准差椭圆的空间分布整体上没有规律，但在2013—2022年，标准差椭圆空间分析结果显示，耦合协调度的标准差椭圆主轴呈现明显的东北—西南走向，且随时间的推移逐渐向东南方向偏移。2013年后椭圆方位角持续增大，这一现象主要源于西部地区耦合协调度的加速提升。实证数据表明，研究期间西部区域耦合协调度年均增长率达到121%，显著高于东部地区72.3%的增幅，充分印证了西部地区农业保险与农业现代化系统协同发展水平的快速提升态势。但从2018年起又向西南—东南方向偏转，说明研究后期西部地区增长较为缓慢。

基于标准差椭圆分析结果显示，我国农业保险与农业现代化耦合协调发展的空间格局呈现动态演变特征，其椭圆面积经历了“扩张—收缩—再扩张”的阶段性变化过程，反映出研究期内该耦合系统的空间离散程度有所增强。从空间覆盖范围分析，标准差椭圆主要涵盖我国东部和中部省份，其空间边界北至辽宁、内蒙古，南抵广东、广西，西部边界逐步延伸至青海东部地区。值得注意的是，椭圆覆盖范围呈现明显的西向和南向扩展趋势，这一现象表明我国西部和南部地区对农业保险与农业现代化协同发展的重视程度不断提升，两个系统的耦合协调发展水平在该区域取得了显著进展。

通过对标准差椭圆的长短轴变化特征进行分析，结果表明南北轴向的扩张速率显著高于东西轴向，这反映出我国农业保险与农业现代化耦合协调发展的空间异质性特征。具体而言，南部省份（如福建、广东等）在推动全国耦合协调水平提升方面发挥了日益显著的作用，而东西方向的空间格局则相对稳定。从标准差椭圆重心的空间位移来看，研究期内耦合协调发展的重心始终位于河南省鲁山县境内，但呈现出明显的西南向迁移趋势。2009—2022 年，重心坐标由（112.7185°E，34.83986°N）移动至（112.6414°E，34.307692°N），累计位移达 58.377 千米。这一空间演变特征表明，西部地区和南部地区在农业保险与农业现代化协同发展方面取得显著成效，特别是在金融扶贫和乡村振兴战略实施背景下，区域协调发展政策有效促进了耦合协调重心的西南向转移。

6.5 本章小结

本章通过对农业保险与农业现代化耦合协调发展的测度分析系统性的揭示了二者协同演化的内在规律与时空特征。首先，采用构建农业保险和农业现代化的指标体系，并用熵权法分别测度农业保险和农业现代化，接着用耦合协调度模型分析农业保险和农业现代化之间的耦合协调发展水平。其次，分别从时间和空间两个维度对农业保险和农业现代化的耦合协调水平进行具体分析。最后，采用核密度估计和标准差椭圆分析两者耦合协调发展的动态演进过程。

第 7 章

农业保险与农业现代化耦合协调发展的影响因素实证分析

基于上一章的测度结果，本章进一步聚焦耦合协调度的驱动机制。运用空间计量模型与时空地理加权回归，识别全域影响因素的空间效应，并揭示其区域异质性。通过实证检验，明确政策干预与市场驱动的协同作用，为第8章设计差异化实现路径提供依据，同时呼应第5章理论模型中“非线性互动与动态均衡”的核心论断。

7.1　研究方法

7.1.1　空间自相关检验

在空间统计分析中，若相邻区域在特定变量上呈现趋同性特征，即可判定存在空间自相关现象。具体而言，当高值或低值呈现集聚分布时，表现为正向空间自相关；而高低值交错分布则构成负向空间自相关；当观测变量的取值表现为随机分布时，可推断空间上不存在自相关性。依据研究尺度的不同，空间自相关现象可划分为全局性自相关与局部性自相关两大类别。

采用全局 Moran's I 指数来分析我国各省农业保险与农业现代化发展的耦合与协调状况。计算该指数的公式是：

$$I = \frac{n\sum_{i=1}^{n}\sum_{j=1}^{n} w_{ij}(x_i - \bar{x})(x_j - \bar{x})}{\left(\sum_{i=1}^{n}\sum_{j=1}^{n} w_{ij}\right)\sum_{i=1}^{n}(x_i - \bar{x})^2} \tag{7-1}$$

$$\bar{x} = \frac{1}{n}\sum_{i=1}^{n} x_i \tag{7-2}$$

式中，x_i 或 x_j 表示第 i 或 j 个省域两系统的耦合协调度的具体数值，$\bar{x}$ 表示各省两系统耦合协调度数值的均值，n 为省域数，w_{ij} 为空间权重矩阵。莫兰指数的数值通常位于 -1 至 1 的范围内，指数正值指示正空间自相关性，负值则表明负空间自相关性，当指数值趋近于零，表明空间分布呈现出随机性特征。在全局层面上，莫兰指数是对整个空间范围内的集聚现象进行分析；而在局部层面，莫兰指数则专注于特定区域周边的集聚状况，具体计算公式如下：

$$I_i = \frac{(x_i - \bar{x})}{S^2}\sum_{j=1}^{n} w_{ij}(x_j - \bar{x}) \tag{7-3}$$

$$S^2 = \frac{\sum_{i=1}^{n}(x_i - \bar{x})^2}{n} \tag{7-4}$$

式中，S^2 代表研究样本的方差，其他参数定义与全局莫兰指数保持一致。局部 Moran's I 指数分析结果可通过 Moran 散点图直观呈现，该图形以当期全局 Moran's I 指数值为坐标原点，样本点与原点间的欧氏距离反映空间集聚的显著性水平，空间距离的增加揭示了空间集聚现象的增强，进而提升了研究结论的置信度。Moran 散点图将研究样本分为四个不同的区域：高值—高值区（HH）、低值—高值区（LH）、低值—低值区（LL）以及高值—低值区（HL），分别以 H 和 L 来标识高值和低值特征。具体而言，HH 区样本点表明该省份农业保险与农业现代化耦合协调度较高，且周边省份同样呈现较高协调水平，显示出显著的空间正相关性；LL 区则呈现相反的特征。HL 区样本点虽然自身协调度较高，但被低协调度省份所包围，表现出空间负相关特征，LH 区则与之形成对照。

7.1.2 空间面板模型

空间面板模型是横截面数据时间及空间分析模型的延伸，其典型表达式为：

$$\begin{cases} y_{it} = \rho w_i' y_t + x_{it}'\beta + d_i' X_t \delta + u_i + \gamma_t + \varepsilon_{it} \\ \varepsilon_{it} = \lambda m_i' \varepsilon_t + \upsilon_{it} \end{cases} \tag{7-5}$$

式中，w_i'为空间权重矩阵 W 的第 i 行向量，u_i 为区域 i 的个体固定效应，$d_i' X_t \delta$ 表示解释变量的空间滞后，d_i'为相应空间权重矩阵 D 的第 i 行向量，γ_t 为时间效应，m_i'为扰动项空间权重矩阵 M 的第 i 行。系数 ρ 用于测量省级两系统耦合协调程度的交互作用强度；系数 λ 用于评估邻近地区间耦合协调度误差项的空间依赖程度。根据各系数是否为 0，可将空间面板模型分为以下几种类型。

当 $\lambda=0$ 时，称 $y_{it}=\rho w_i'y_t+x_{it}'\beta+d_i'X_t\delta+u_i+\gamma_t+\varepsilon_{it}$为空间杜宾模型（SDM）；

当 $\lambda=0$ 且 $\delta=0$ 时，称 $y_{it}=\rho w_i'y_t+x_{it}'\beta+u_i+\gamma_t+\varepsilon_{it}$为空间自回归模型（SAR）；

当 $\rho=0$ 且 $\delta=0$ 时，称 $y_{it}=x_{it}'\beta+u_i+\gamma_t+\varepsilon_{it}$，$\varepsilon_{it}=\lambda m_i'\varepsilon_t+\upsilon_{it}$为空间误差模型（SEM）。

7.1.3 时空地理加权回归模型

Brunsdon. C 于 1996 年提出的时空地理加权回归模型（GTWR 模型）通过整合时空双重维度，能够有效刻画解释变量与被解释变量之间的动态关联特征。该模型的基本表达式为：

$$y_i=\beta_0(u_i,v_i,t_i)+\sum_k\beta_k(u_i,v_i,t_i)x_{ik}+\varepsilon_i \tag{7-6}$$

式中，(u_i,v_i) 表示个体 i 的经纬度坐标，t_i 表示时间，y_i 表示个体 i 在时间 t_i 的被解释变量观测值，x_{ik}表示个体 i 在时间 t_i 的第 k 个解释变量，$\beta_0(u_i,v_i,t_i)$ 表示截距项，$\beta_k(u_i,v_i,t_i)$ 表示个体 i 的第 k 个解释变量的回归系数，ε_i 为模型误差项。由此可见，GTWR 模型能够有效刻画我国省级行政区农业保险与现代农业发展协同演进驱动因子的时空差异性特征。

7.2 农业保险与农业现代化耦合协调空间自相关分析

本书首先采用全局空间自相关分析方法，对我国农业保险与农业现代化耦合协调度的空间集聚特征进行检验；随后运用局部莫兰指数测算方法，对各省级行政区的空间集聚特性进行深入分析。

7.2.1 空间权重矩阵

在开展空间相关性分析时，首要步骤是建立空间权重矩阵，该矩阵能够有效表征研究对象之间的空间关联程度。本书选取了四种典型的空间权重矩阵构建方法，其具体形式如下：

（1）空间邻接矩阵

空间邻接矩阵是通过评估各省是否在地理位置上相邻来构建的，其具体构建标准如下：

$$w_{ij}=\begin{cases}1,\text{当省份 i 和省份 j 相邻时}\\0,\text{当省份 i 和省份 j 不相邻时}\end{cases} \tag{7-7}$$

（2）空间距离矩阵

依托各行政区域的地理经纬度信息，通过球面距离的计量技术来构建空间权重矩阵，此方法在对比传统基于公路里程或直线路径的距离估算上，展现出更强的客观性特征。具体计算模型设定细节如下：

$$w_{ij}=\begin{cases}\dfrac{1}{d_{ij}^2} & i\neq j\\0 & i=j\end{cases} \tag{7-8}$$

式中，d_{ij}表示由省份 i 与省份 j 的经纬度求得的球面距离。

（3）经济距离矩阵

除采用地理区位或空间距离外，部分研究者选择以区域经济差异作为衡量标准构建矩阵，具体计算公式如下：

$$w_{ij}=\begin{cases}\dfrac{1}{|GDP_i-GDP_j|} & i\neq j\\0 & i=j\end{cases} \tag{7-9}$$

式中，GDP_i 和 GDP_j 表示省份 i 和省份 j 的人均地区生产总值。

（4）空间经济地理权重矩阵

该矩阵通过量化空间区位对区域经济的作用关系，其构建方法如下：

$$w_{ij}=\begin{cases}\frac{1}{2}\frac{1}{d_{ij}}+\frac{1}{2}\frac{1}{|GDP_i-GDP_j|} & i\neq j\\ 0 & i=j\end{cases} \tag{7-10}$$

在空间计量经济学模型中，空间权重矩阵的设定对参数估计结果具有显著影响。本书采用基于经济地理距离的空间权重矩阵进行实证分析，该矩阵能够更好地反映地理邻近区域之间存在的空间关联性特征。通常来说，地理空间上距离较近的地区之间的联系更加紧密，会有更多的经济交流和资源共享。而距离较远的地区之间的联系相对较少，会有更多的经济分化和竞争，且为了验证选择的正确性，本书分别采用了四种空间权重矩阵进行了实证，最后结果也验证了空间经济地理权重矩阵的效果最好。

7.2.2　空间自相关检验

本书通过stata计算得到2009—2022年我国农业保险与农业现代化耦合协调度的全局莫兰指数，根据表7－1所示的耦合协调度全局自相关检验结果分析，研究期间各年度的全局Moran's I指数值均维持在0.3左右，且绝大多数年份的检验结果在1%的显著性水平上具有统计学意义。这一实证发现表明，我国农业保险与农业现代化两大系统的耦合协调发展呈现出显著的空间正相关特征，具体表现为高耦合协调度省份呈现空间集聚现象，而低耦合协调度区域同样存在空间邻近效应。值得注意的是，时序分析显示Moran's I指数波动幅度较小，保持相对平稳态势，这一特征进一步印证了我国农业保险与农业现代化耦合协调发展的空间正相关性具有显著的稳定性特征。

表 7－1 2009—2022 年农业保险与农业现代化耦合协调度的全局自相关检验

年份	莫兰指数	P 值
2009	0. 3476	0. 0019
2010	0. 2692	0. 0131
2011	0. 1962	0. 0523
2012	0. 3580	0. 0013
2013	0. 3586	0. 0014
2014	0. 2808	0. 0103
2015	0. 3889	0. 0000
2016	0. 3751	0. 001
2017	0. 3182	0. 0133
2018	0. 2740	0. 0000
2019	0. 2762	0. 0118
2020	0. 3516	0. 0019
2021	0. 2817	0. 0109
2022	0. 2774	0. 0122

全局莫兰指数仅能验证省际空间关联性的存在与否，而无法具体识别空间集聚特征区域。为此，本研究采用局部莫兰散点图方法进行空间集聚分析。考虑到 2009—2022 年研究周期较长，特选取 2009 年、2014 年、2017 年及 2022 年作为代表性年份进行局部空间分析。见图 7－1。

基于空间计量分析结果，我国各省份农业保险与农业现代化耦合协调度的空间分布特征呈现以下规律：首先，莫兰散点图显示多数省份数据点集中分布在趋势线周围，表明该指标具有显著的空间集聚效应。具体而言，LL 象限集聚省份数量最多，其次为 HH 象限，而 LH 象限省份略多于 HL 象限，这一分布格局不仅证实了耦合协调度存在空间自相关特征，也揭示了区域间发展水平的非均衡性。时序维度分析表明，在研究期间内，

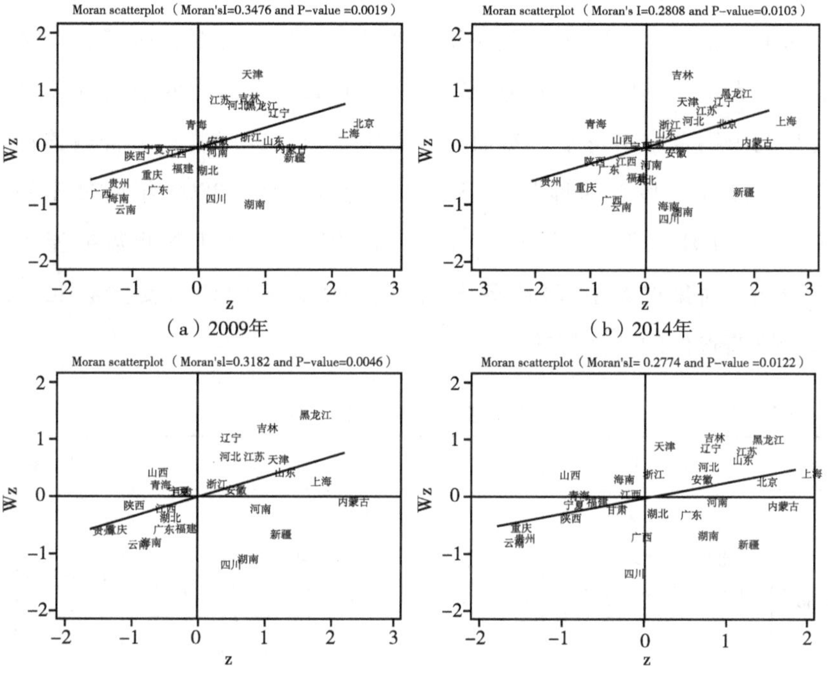

（a）2009年　（b）2014年　（c）2017年　（d）2022年

图 7-1　局部莫兰散点图

除了2009年与其余几个年份的差别较大，从空间分布格局来看，各省份在象限中的相对位置呈现出较强的稳定性特征，各象限所涵盖的省级行政区域数量变化幅度较小，这表明我国省级行政单元两系统耦合协调度的空间集聚效应具有显著的持续性特征。

如表7-2所示，我国省域农业保险与农业现代化耦合协调发展的空间分布呈现出显著的区域差异特征。研究数据显示，北京、上海、浙江等11个东部及东北地区省份稳定处于HH象限，表明这些区域两系统发展具有显著的正向空间关联性。值得注意的是，在2009—2022年，HL象限覆盖省份数量持续增加，且主要来源于原HH象限地区，反映出高协调度区域受到周边低协调度地区的显著负向影响。从空间分布来看，LL象限覆盖省份数量仅次于HH象限，其中宁夏、贵州等西部省份长期处于该象限，表明西部地区两系统协调水平相对滞后，且呈现出明显的低值集聚特征。而LH象限则主要覆盖了四川、湖南、湖北、新疆、河南、内蒙古等农业大省省份，其中大部分是中部地区，其农业保险与农业现代化耦合协调度与全国耦合水平持平，然而，邻近区域的耦合协调水平普遍偏低，对研究区域形成了显著的抑制作用。以河南省为例，2009年尚处于高—高集聚类型（HH象限），但2014年、2017年及2022年观测数据显示其已转变为低—高集聚类型（LH象限），这一变化表明该省受到湖北等周边低耦合协调省份的负面影响。

表7-2　　空间分布象限

年份	HH象限	HL象限	LL象限	LH象限
2009	北京、上海、浙江、江苏、天津、吉林、河南、河北、安徽、山东、黑龙江、辽宁、青海、山西、内蒙古（15个）	（0个）	宁夏、江西、陕西、重庆、广西、贵州、云南、福建、海南、广东（10个）	四川、湖南、湖北、新疆、甘肃（5个）
2014	北京、上海、浙江、江苏、天津、吉林、河北、山东、黑龙江、辽宁、内蒙古、甘肃（12个）	青海、山西、宁夏（3个）	江西、陕西、重庆、广西、贵州、云南、福建、海南、广东（9个）	四川、湖南、新疆、海南、安徽、河南（6个）
2017	北京、上海、浙江、江苏、天津、吉林、河北、山东、黑龙江、辽宁（11个）	青海、山西、宁夏、甘肃（4个）	江西、陕西、重庆、广西、贵州、云南、福建、海南、广东（9个）	四川、湖南、新疆、河南、内蒙古（5个）
2022	北京、上海、浙江、江苏、天津、吉林、河北、山东、黑龙江、辽宁、安徽（11个）	青海、山西、海南、江西（4个）	陕西、重庆、广西、贵州、云南、福建、宁夏、甘肃、四川（9个）	湖北、广东、湖南、新疆、河南、内蒙古（6个）

从空间分布特征来看，我国农业保险与农业现代化系统的耦合协调发展呈现明显的区域异质性。在空间集聚方面，东北和东部沿海地区呈现显著的正向空间自相关特征，而西部地区则表现为负向空间关联性，这种空间集聚格局具有相对稳定性。就区域差异而言，两系统耦合协调度呈现梯度递减的分布态势：东北地区处于领先地位，东部沿海地区次之，中部地区居中，西部地区发展相对滞后，表现出明显的“东高西低”和“北高南低”的空间分异特征。

7.3 农业保险与农业现代化耦合协调发展全域影响因素分析

基于空间自相关检验结果，我国农业保险与农业现代化耦合协调呈现显著的空间正相关特征，这表明在进行协同效应影响因素分析时需要充分考虑空间效应。鉴于两者耦合协调发展具有多因素交互作用的复杂性，因此采用多变量空间计量模型开展深入研究。

7.3.1 变量选取和数据说明

（1）变量选取

一般而言，两系统耦合协调的影响因素较为复杂，涉及多个方面。因此本书结合钱丽、叶满城等多位学者对农业保险影响因素和农业现代化影响因素等相关研究，从政治、经济、人口、技术、自然五个方面选取政府支持力度、经济发展水平、传统金融水平水平、人口转移程度、数字技术水平、农业创新能力、自然灾害情况这七个因素作为解释变量，探究它们对农业保险与农业现代化耦合发展的影响情况。各变量选取情况如表7-3所示。

表 7-3　　变量选取

变量类型	分类	变量名称	变量计算	变量符号	数据来源
被解释变量		农业保险与农业现代化耦合协调发展水平	耦合协调度	D	前文计算得到
解释变量	政治	政府支持力度	农林水务支出/财政支出	government	国家统计局
	经济	传统金融水平	涉农贷款余额取对数	credit	各省市统计年鉴、中国农村金融服务报告
		经济发展水平	万人均 GDP	economic	国家统计局
	人口	人口转移程度	城镇化率	urban	国家统计局
	技术	数字技术水平	互联网宽带接入用户数/总人口	digital	国家统计局
		农业创新能力	农业专利总和取对数	innovate	中国知网数据库
	自然	自然灾害情况	受灾面积/耕地面积	disaster	国家统计局

（2）政治维度

政府支持力度：耦合协调机制的构建是一个涉及多维度、跨领域的复杂系统工程，需要政府与市场形成良性互动。在农业领域，政府财政投入不仅能够提供必要的资金保障和技术支撑，还能有效弥补金融市场失灵，优化金融资源配置效率，从而促进农业保险与农业现代化两大系统的协同发展。基于此，本书将政府财政支农力度作为关键变量，采用农林水务支出占财政总支出的比例作为量化指标，以考察其对农业保险与农业现代化耦合协调发展的影响效应。

（3）经济维度

经济发展水平：从理论层面分析，经济发达地区凭借其优越的资源禀赋和基础设施条件，能够为农业现代化进程提供强有力的支撑。同时，区域经济水平的提升还会推动农业保险产品的完善与创新，进而促进两大系统的良性互动与协调发展。基于此，本书将经济发展水平作为核心解释变量，并采用人均 GDP 指标进行量化表征。在经济发展水平评估指标体系的构建方面，既有研究多聚焦于区域总量、人均指标及增长率等维度。本书参考刘承良与管明明的学术观点，认为采用人均指标能够更精准地从微观层面衡量区域经济实力。为确保研究结果的客观性并真实反映经济发展状况，同时降低数据波动性影响，本书将地区人均 GDP 指标调整为每万人人均 GDP 进行测算。

传统金融水平：推进农业现代化的进程需要大量的资金支持，传统金融尤其是涉农贷款，可以显著减轻农户家庭在农业保险保费方面的经济压力，信贷资金作为农户进行生产性投资和改善基础设施的关键融资渠道，本书采用农村地区人均涉农贷款余额这一指标进行量化分析。为了减少数据的不稳定性，此处对地区涉农贷款取对数处理。

（4）人口维度

人口转移程度：城镇化率作为城市化的度量指标，反映了人口从农村向城市转移的过程。城镇化率的提高意味着城市人口的增加和城市居民对农产品、乡村生态环境及文化需求的多样化，促使从传统的农业种植向更加多元化的方向发展，不断提升农产品质量和服务水平。在现代化发展过程中，城镇与农村的经济互动不断增强，各类生产要素如资金、科技、人力等在区域间的交流日趋活跃。这种融合发展为农业现代化发展提供了更广阔的发展空间和市场机遇。

（5）技术维度

数字技术水平：李健（2022）指出，数字技术凭借降低交易成本、提升资源利用率及减少信息不对称等优势，大数据、人工智能和数字经济的发展为农业带来更高效的生产销售方式，无人机喷洒农药、智能养殖、在线直播销售农产品等，也为农民带来了更多的信息和教育资源，提升了人力资本水平，促进了农业农村现代化的协同发展。随着农村地区网络基础设施的持续完善，农民获取农业生产知识、种养殖技术以及市场行情等信息的渠道显著拓宽，这有效提升了其农业经营管理水平；与此同时，现代科技在农业保险的承保流程、现场勘查及损失评估等环节的应用效果也日趋显著。因此，本书选取数字技术水平作为解释变量，采用互联网用户普及率作为衡量指标。

农业创新能力：农业科技创新是推动农业产业的重要动力，农业生产的转型升级能够实现增产提质、节能减排和绿色发展，在提升作物产出效益的同时也显著减少了资源投入。同时，农业创新还催生新的农业业态，如农村电商、农产品深加工等，从而推动农业产业的多元化发展和升级。当前学术领域对创新能力的评估主要基于研发投入、产出成果来衡量，或者间接利用数据包络分析等方法计算指标。本书参考张金鑫，王红玲的研究，采用农业（农林牧渔业）三类专利总和来衡量农业技术创新，为了减少数据的不稳定性，此处对地区专利数之和做对数处理。

（6）自然维度

自然灾害情况：农业生产一直以来都是一种高风险的活动。该研究主要探讨了影响农业生产的两类不确定性因素：一是源于地理环境、气候条件及生态系统自身特性的内在不确定性；二是由农产品市场供需关系及价格波动构成的外在不确定性。其中，气候异常作为关键风险因子，其变化趋势对全球农作物产量具有显著影响，具体表现为降水时空分布不均、极端干旱或洪涝灾害、异常高温或低温天气以及强对流天气事件等，这些气候异常现象均会直接造成农作物大幅减产。进而导致农业产业的损失、加剧粮食安全问题，间接影响农业保险与农业现代化的耦合发展。因此，本书参考以往学者研究选取省域受灾面积占耕地面积的比重作为研究农业保险与农业现代化耦合协调发展的影响因素。

（7）数据说明

本书采用的数据来源如下：地方财政农业支持力度、信贷水平、人口转移程度、农村人口受教育程度、数字技术水平、自然灾害情况等数据主要来源于国家统计局，传统金融发展水平数据取自各省市历年统计年鉴和中国人民银行各分支行网站。各省份农业保险与农业现代化耦合协调发展度由上文计算得到，在数据处理方面，为确保不同量纲指标的可比性，对经济发展程度、金融发展状况及数字化水平等核心解释变量进行了对数转换处理。各省份农业保险与农业现代化系统的耦合协调度通过前文构建的模型测算得出。表7-4展示了各研究变量的描述性统计特征。

表7-4　变量描述性统计

变量	标签	样本量	均值	标准差	最小值	最大值
D	耦合协调度	360	0.352	0.096	0.113	0.603
government	政府财政支持	360	0.115	0.033	0.041	0.204
credit	传统金融水平	360	8.829	4.207	6.639	11.091
urban	城镇化水平	360	0.601	0.121	0.351	0.896
economic	经济发展水平	360	5.867	3.062	1.602	18.999
disaster	自然灾害情况	360	0.141	0.116	0.000	0.696
digital	数字技术水平	360	0.242	0.113	0.052	0.523
innovate	农业创新能力	360	7.496	1.089	3.664	9.720

7.3.2 模型构建

既有研究采用的传统面板计量方法往往难以捕捉区域间的空间关联特征。基于此，本书在探讨农业保险与农业现代化耦合协调机制时，创新性地引入时空双重维度，建立空间计量模型。在模型构建过程中，需依次完成多项检验程序：首先通过全局 Moran's I 指数和局部空间自相关分析（如表7-5所示，Moran's I $=4.465$，$p<0.01$），证实了各省域农业保险与农业现代化发展存在显著的空间依赖关系；其次借助 LM 检验进一步验证了空间效应的存在性。这些实证结果为建立包含空间滞后项的面板模型提供了充分依据，从而确保研究结论的科学性与稳健性。

表 7－5　　　　LM 检验运行结果

检验	统计量	自由度	P 值
Moran's I 值	4.465	1	0.000
LM 检验	16.145	1	0.000
Robust LM 检验	3.730	1	0.053
空间滞后：			
LM 检验	60.946	1	0.000
Robust LM 检验	48.531	1	0.000

基于 LM 检验结果分析，空间误差检验与空间滞后检验均呈现出显著特征。具体而言，LM 误差检验统计量与 LM 滞后检验统计量在 1% 的显著性水平上均达到显著标准，这表明我国省级行政区域的农业保险发展与农业现代化进程之间存在显著的空间误差自相关性和空间滞后效应。此外，稳健 LM 滞后检验与稳健 LM 误差检验在 10% 的显著性水平下同样通过检验，这一结果进一步证实了在研究农业保险与农业现代化耦合协调发展影响因素时，应当采用同时包含空间误差项和空间滞后项的空间杜宾模型进行实证分析。

如表 7－5 所示，LM 检验与 Robust－LM 检验均呈现显著性水平。为验证空间杜宾模型的适用性，本研究采用 Wald 检验与似然比检验（LR）进行后续分析，以防止模型简化为空间误差或空间滞后形式。具体而言，通过上述两种检验方法对空间杜宾模型进行事后验证，相关检验结果详见表 7－6。

表 7－6　　　　Wald、LR 检验结果

Test	Statistic	P－value
Wald－Error	48.66***	0.000
Wald－lag	48.43***	0.000
LR－Error	45.66***	0.000
LR－Lag	45.82***	0.000

注：*** 表示变量在 1% 水平上显著。

如表 7－6 所示，在 1% 的显著性水平上，LR 测试与 Wald 测试均否定了零假设，揭示了空间杜宾模型与空间误差模型及空间滞后模型间存在显著的统计差异。据此，本书选取了双向固定效应的空间杜宾模型（SDM）作为分析工具，该模型显示出在分析我国农业保险与农业现代化耦合协调度关键驱动因素方面具有较高的适用性。

在模型选择阶段，本书采用豪斯曼检验方法对固定效应与随机效应模型进行判别分析。该方法的核心假设是随机效应模型更为适用。根据表7-7的实证检验结果，在1%的显著性水平下，原假设被拒绝，这一统计结果表明：在研究我国农业保险与农业现代化耦合协调发展影响因素时，固定效应的空间杜宾模型比随机效应模型具有更好的适用性。

表7-7　　豪斯曼检验结果

H0：随机效应模型为正确模型	
χ^2 统计量	249.86
P值	0.0000

固定效应模型主要包含个体固定效应、时间固定效应以及双向固定效应三种类型，在实际建模过程中，应当基于模型的各项统计指标进行综合判断，其中决定系数（R^2）和极大似然函数值作为重要的评价标准，其数值越大则表明所构建的回归模型具有更优的拟合效果。

表7-8　　固定效应回归结果

变量	（1）个体固定效应	（2）时间固定效应	（3）双固定效应
Main	—	—	—
government	0.207* (2.22)	1.316*** (10.80)	0.219* (2.55)
credit	0.0393*** (4.40)	0.0331*** (5.77)	0.0337*** (3.90)
urban	0.286* (2.40)	0.602*** (9.32)	0.259* (2.31)
economic	-0.00820*** (-4.17)	0.00940*** (4.65)	-0.00893*** (-4.47)

续表

变量	（1）个体固定效应	（2）时间固定效应	（3）双固定效应
disaster	0. 0425 *** (3. 88)	-0. 0124 (-0. 51)	0. 0449 *** (4. 42)
digital	-0. 0801 (-1. 75)	-0. 247 *** (-3. 76)	-0. 0398 (-0. 93)
innovate	0. 00776 * (2. 24)	0. 00264 (0. 52)	0. 00756 * (2. 33)
rho	0. 390 *** (5. 86)	0. 222 ** (2. 64)	-0. 0597 (-0. 68)
sigma2 e	0. 000287 *** (13. 26)	0. 00171 *** (13. 34)	0. 000234 *** (13. 41)
R^2	0. 395	0. 293	0. 313
N	360	360	360

注：***、**、* 分别表示变量在 1%、5%、10% 的水平上显著；括号内为 t 统计值。

观察表 7 -8，基于 R^2 检验值和各解释变量显著性水平的综合分析结果表明，个体固定效应模型的拟合效果最为理想。鉴于此，本研究最终确定选用包含个体固定效应的空间杜宾模型（SDM）作为实证分析工具。

7.3.3 空间效应分解

从表 7 -9 个体固定效应空间杜宾模型（SDM）的回归结果来看，政府财政支农、经济发展水平、信贷水平、城镇化率、农业创新能力均对农业保险与农业现代化的耦合发展产生显著影响，虽然空间杜宾模型（SDM）通过纳入变量滞后项能够捕捉空间依赖关系，但该模型在回归系数解释力方面存在一定局限性，为此需采用效应分解方法对影响因素进行更深入的分析。

（1）政府维度

政府财政支农力度的增强对农业保险与农业现代化耦合协调发展具有

显著的多维度驱动效应。从直接效应来看，财政资金的定向投入通过强化农村基础设施建设、优化农业生态环境治理、完善产业扶持体系等途径，为农业生产活动创造了更稳定的物质条件，直接提升了农业现代化所需的资源保障能力。例如，农田水利设施的升级能够有效抵御自然灾害对生产的影响，而冷链物流网络的完善则降低了农产品流通环节的损耗，这些基础性投入从源头上缓解了农业生产的脆弱性，为保险风险精算提供了更可靠的数据支撑。而间接效应则体现在财政支持的杠杆作用上，政府通过税收优惠、贴息贷款等政策工具引导社会资本向农业领域流动，同时依托公共服务投入提升农民技能水平和风险意识，间接增强了农业经营主体对保险工具的接受度与使用效率。财政支持还通过区域协同机制产生空间溢出效应，邻近地区在政策示范、技术扩散及市场联动等作用下同步优化资源配置，形成跨区域的农业风险共担网络与现代化协作体系。在总效应层面，财政支农不仅直接改善了农业生产条件，更通过激活市场活力、优化要素配置、强化制度保障等综合手段，系统性推动农业保险从单一灾后补偿向全链条风险管理升级，同时加速农业生产方式向集约化、科技化、绿色化转型。农业生产的特殊性决定了其天然面临自然与市场的双重不确定性，利润空间受限于生产周期长、价格波动大及外部性显著等特征，这使得单纯依赖市场机制难以实现风险的有效分散与现代化转型的持续投入。政府的财政介入通过弥补市场失灵、平衡收益风险，为农业保险产品创新与现代化技术应用提供了稳定的政策预期。政策性农业保险作为财政支农的重要载体，其可持续发展依赖于政府补贴机制与市场运作的深度协同。财政资金通过保费补贴降低农户参保成本，通过再保险分担机制增强保险公司承保能力，通过数据平台建设提升风险定价精度，从而构建起多层次风险分散体系。这种制度设计既保障了保险服务的普惠性，又通过市场化手段引导保险机构开发适配新型农业经营需求的创新产品，最终形成财政支持与市场活力的良性互动。在此过程中，农业现代化水平的提升反向推动保险需求结构升级，而保险覆盖面的扩大又为现代化转型提供了风险缓冲，两者在财政政策的催化下形成“风险保障—投资激励—效率提升”的螺旋上升通道，充分体现了政府干预在协调经济目标与社会效益中的关键作用。

（2）经济维度

从经济发展水平来看，其直接效应、间接效应以及总效应均对农业保险与农业现代化的耦合效果产生显著的促进作用，并均通过了5%的显著性水平检验。值得注意的是空间溢出效应（间接效应）系数高于直接效应的系数，其对本地农业保险与农业现代化的耦合效果的影响为0.0248，且在1%水平下显著，表明经济发展能够对周边的耦合发展产生更为显著的促进作用。探究其背后原因，各地区经济发展水平有所差异，而相邻地区的经济也对乡村产业产生了显著的辐射效应，导致大多地区的直接效应不如间接效应强烈。经济发展水平的提升有助于形成资金集聚效应，进而促进乡村基础设施建设和农业现代化进程；同时，良好的经济环境还能吸引高素质人才聚集，为产业技术革新提供智力支持。

从传统金融水平来看，其总体效应与直接效应均通过了1%的显著性水平检验，说明涉农信贷的水平促进农业保险与农业现代化的耦合，传统金融体系的完善程度为农业保险制度的完善和现代农业发展创造了必要的物质基础条件，并为其持续演进提供了良好的外部环境支撑。一方面传统信贷为农业现代化进程注入大量资金与多元化服务。另一方面，农村信贷作为重要的融资渠道，为农户提供了必要的资金支持，这不仅激励了农户积极投保农业保险以规避风险，还进一步促进了其扩大生产规模。此外，保险机构与信贷机构之间可以进行合作与信息共享，有效缓解农险市场信息不对称的难题并提高农险的经营效率。从传统金融水平的间接效应来看，其对邻近地区二者耦合的影响为0.369，但并不显著，说明邻近地区的信贷水平对本地区农业保险与农业现代化的耦合发展并不能产生显著影响，原因在于各省份的涉农贷款主要提供于本省的乡村产业发展，各省之间联合发展意识不强，造成溢出效应不够显著。

（3）人口维度

城镇化水平对农业保险与乡村产业耦合协调度的作用呈现显著的空间

异质性特征。从直接效应看，城镇化进程通过多重机制正向促进本地耦合发展：其一，城镇化的规模效应推动金融资源集聚与要素市场整合，促进金融机构创新涉农保险产品并优化服务网络布局，降低农业经营主体获取风险保障的交易成本；其二，城镇化产生的扩散效应加速现代农业技术、管理模式向农业领域渗透，促使农业生产向标准化、集约化转型，增强农业保险标的的可保性与风险定价精度；其三，城镇化带来的竞争效应倒逼传统农业经营主体提升风险意识，主动运用保险工具对冲规模化经营中的市场波动与自然风险，形成需求驱动的保险市场扩容。与此同时，城镇化进程中形成的技术、资本与人才"磁场效应"吸引周边区域生产要素向高城镇化地区单向流动，导致邻近地区面临人力资源流失、产业空心化等问题，削弱了其农业现代化转型的内生动力。这种空间虹吸作用使得高城镇化区域对周边地区的辐射带动能力未能有效转化为协同发展动能，反而因资源竞争加剧形成区域间发展落差，表现为城镇化水平对邻近地区耦合协调度的间接抑制效应。然而，本地城镇化水平的提升通过强化农业科技应用能力与经济韧性，持续优化保险供给与产业需求的匹配效率，最终形成以本地为中心的耦合发展优势格局。这一矛盾现象深刻揭示了城镇化进程中区域协同机制与资源竞争关系并存的复杂现实。

（4）技术维度

数字技术水平的直接效应为负，且并不显著，但其空间溢出效应和总体效应为正且通过了显著性检验。本书以互联网宽带接入户数口来反映信息化水平，互联网宽带接入户数增加，特别是互联网和电商平台，为农产品销售开辟了新渠道。通过电商平台，农产品可以突破地域限制，直接面向更广泛的消费者群体。但直接效应并不显著，说明当地对数字技术的运用并没有发挥出应有的效果，比如数字技术能够推动乡村产业之间的融合发展。通过数字技术，农业可以与旅游业、文化产业等相结合，形成乡村旅游、乡村文化等新兴产业，从而促进农业保险与乡村产业的耦合发展。

农业创新能力的直接效应显著为正，但空间溢出效应与总体效应并不显著，说明科技创新成果对本地农业保险与乡村产业确实起到了显著的促进作用，但空间溢出效果很弱，对周边地区乃至更广泛的区域没有产生积极影响。原因可能是这些创新成果没有通过技术交流、示范推广等方式，传播到周边地区，从而带动周边地区的农业技术进步和生产效率提升。并且科技创新成果需要政府政策的支持，如果政府能够加大对农业科技创新的投入和扶持力度，推动农业科技成果的转化和应用，那么农业创新成果的空间溢出效应就会得到更好地发挥。

（5）自然维度

从自然灾害程度的直接效应来看，其对本地的农业保险与农业现代化的耦合发展影响为0.0416，并在1%的显著性水平下显著，所得结果见表7-9。究其原因可能是，我国自然灾害主要集中在一些地区，而自然灾害的频发也促使当地的风险意识增强，使得农民和农业企业更加深刻地认识到农业生产中潜在的风险，从而增强了他们对农业保险的需求。同时政府往往会出台相关政策来推动农业保险的发展，以减轻自然灾害对农业生产的影响。这些政策可能包括提供保费补贴、税收优惠等，从而降低农民和农业企业的参保成本，也进而推动了农业保险产业的创新与发展。另一方面，自然灾害促使乡村地区寻找更加稳定和多元化的收入来源。除了传统的农业生产外，乡村地区还可以发展乡村旅游、农产品加工等新兴产业，以增加农民的收入来源，提高乡村经济的抗风险能力。

表7-9　解释变量的效应分解结果

变量	(1) 直接效应	(2) 间接效应	(3) 总效应
government	0.250*** (0.0959)	0.699** (0.318)	0.949*** (0.343)
credit	0.0409*** (0.00844)	0.0369 (0.0227)	0.0778** (0.0232)
urban	0.254** (0.114)	-0.829** (0.361)	-0.576 (0.381)
economic	0.00681*** (0.00188)	0.0248*** (0.00493)	0.0180*** (0.00502)

续表

变量	(1) 直接效应	(2) 间接效应	(3) 总效应
disaster	0.0416*** (0.0109)	-0.0171 (0.0430)	0.0246 (0.0468)
digital	-0.0545 (0.0427)	0.477*** (0.116)	0.422*** (0.125)
innovate	0.00751** (0.00363)	-0.00408 (0.00881)	0.00342 (0.00972)
Observations	360	360	360
R^2	0.395	0.395	0.395
N	30	30	30

注：***、**分别表示变量在1%、5%水平上显著；括号内为t统计值。

7.3.4 稳健性检验

为验证研究结论的可靠性，本书通过调整空间权重矩阵设置进行稳健性检验。具体而言，采用基于经济距离的空间权重矩阵替代原有的经济地理权重矩阵进行回归分析，所得结果详见表7-10。在空间计量经济学领域，权重矩阵的替换是检验模型稳健性的常用方法。本书以2011—2020年各省份人均GDP均值为经济距离指标，构建新的空间权重矩阵，并将重新估计结果与基准模型进行对比分析（结果见表7-10），从而证实所构建模型的稳定性。

从实证结果来看，无论是采用地理邻近性还是经济距离指标构建的空间权重矩阵，所得出的回归系数均呈现出高度一致性，这充分验证了本研究构建的空间计量模型具有较好的稳健性特征。具体表现为：

一是该模型依托经济间距的空间权重矩阵建立，经LM、LR及Wald检验确认，空间杜宾模型是最佳选择方案；

二是在两种空间权重矩阵设定下，豪斯曼检验均不支持随机效应模型，倾向于固定效应模型；

三是我国省域农业保险与农业现代化耦合协调度表现出显著的空间相关性，空间自回归系数为正且在10%的置信水平上显著；

四是通过对比两种不同的模型设定方式，研究发现主要解释变量的参数估计值呈现出较高的稳定性，其经济学意义具有一致性。这一结果表明，本书采用的地理邻近空间权重矩阵构建的空间杜宾模型具备良好的稳健性特征。

表7-10　　稳健性检验

变量	(1) 空间经济地理权重矩阵	(2) 经济距离矩阵
government	0.207* (2.22)	0.203* (11.68)
credit	0.0393*** (4.40)	0.0418*** (6.00)
urban	0.286* (2.40)	0.198 (11.29)
economic	-0.00820*** (-4.17)	-0.00993*** (-0.09)
disaster	0.0425*** (3.88)	0.0394*** (-0.38)
digital	-0.0801 (-1.75)	-0.0265 (-3.61)
innovate	0.00776* (2.24)	0.00621 (1.19)
rho	0.390*** (5.86)	0.400*** (2.15)
sigma2 e	0.000287*** (13.26)	0.000279*** (13.36)
R^2	0.395	0.295
N	360	360

注：***、*分别表示变量在1%、10%水平上显著；括号内为t统计值。

7.4　农业保险与农业现代化耦合协调影响因素局域效应分析

7.4.1　模型构建

基于2011—2022年全国农业保险与农业现代化耦合协调发展的空间计量分析结果表明，二者之间存在显著的空间集聚特征；通过局部空间自相关检验进一步发现，各省域耦合协调度呈现出明显的区域异质性。鉴于此，本研究在回归模型中引入空间异质性因素，以深入探究农业保险与农业现代化耦合协调发展影响机制的区域差异特征。

相较于传统全局回归方法，地理加权回归模型（GWR）能够有效捕捉区域异质性，建立局部回归方程。然而该模型存在两个主要局限：一是未考虑时间维度的影响，二是仅适用于截面数据分析。为克服这些不足，本书采用时空地理加权回归模型（GTWR），该模型能够同时反映时空效应对农业保险与农业现代化耦合协调发展的影响。据此，构建的GTWR模型具体表达式如下：

$$D_i = \beta_0(u_i, v_i, t_i) + \beta_1(u_i, v_i, t_i)government + \beta_2(u_i, v_i, t_i)city\_country + \beta_3(u_i, v_i, t_i)industry\_structure + \beta_4(u_i, v_i, t_i)lneconomic + \beta_5(u_i, v_i, t_i)lnfinance + \beta_6(u_i, v_i, t_i)lndigital + \varepsilon_i \quad (7-11)$$

式中，D_i 代表我国某年省域 i 农业与农业现代化耦合协调度，$\beta_0(u_i, v_i, t_i)$ 表示省域 i 某时空维度下的截距项，$\beta_k(u_i, v_i, t_i)$ 为各省域时空维度下各解释变量的回归系数值，ε_i 为省域 i 的随机误差项。GTWR模型的相关参数计算可借助ArcGIS软件完成。该公式中，代表我国特定年份省份 i 的农业与农业现代化耦合协调度，β_1 则为省域 i 在特定时空维度上的截距项，λ_i 则为省域 i 在不同时空维度中各解释变量的回归系数，ε_i

则表示省域 i 的随机误差项。GTWR 模型的相关参数计算可借助 ArcGIS 软件完成。

7.4.2 实证分析

在构建 GTWR 模型前，本研究对各解释变量进行了多重共线性检验。由表 7－11 数据可知，所有解释变量的容忍度均高于 0.1 的阈值标准，且方差膨胀因子（VIF）均维持在 10 以内的合理区间，这充分证实了解释变量之间不存在明显的多重共线性问题，满足模型构建的基本要求。此外，基于前文空间自相关分析结果，我国农业保险与农业现代化耦合协调度呈现出显著的空间依赖性特征，这为后续采用 GTWR 模型进行空间异质性分析提供了理论依据。

表 7－11　　共线性检验结果

变量	容忍度	VIF
government	0.428	2.33
credit	0.321	3.12
economic	0.177	5.64
urban	0.187	5.35
digital	0.322	3.10
inovate	0.187	5.36
disaster	0.673	1.49

由表 7－11 可知，模型的调整拟合优度达到 0.9659，且 AIC 值为 －1296.19，说明模型拟合效果较好。本研究采用 ArcGIS 软件平台开展空间分析，以地理坐标系为基准，选取 2011—2022 年作为研究时段，研究样本为我国 30 个省级行政区（不含西藏及港澳台地区）。在模型参数设置方面，带宽选择采用基于 AIC 准则的固定带宽法。实证结果显示（见表 7－12），模型调整后的 R^2 达到 0.9659，AIC 指标为 －1296.19，表明该空间计量模型具有优良的拟合效果。

表 7-12 GTWR 模型估计统计量

R^2	调整 R^2	残差平方和 RSS	AIC
0. 9377	0. 9364	0. 2049	-1347. 4200

基于 GTWR 模型测算结果，本研究对各省份年度影响因素回归系数进行了系统梳理（见表 7-13）。从时序演变特征来看，各解释变量对区域农业保险与农业现代化耦合协调发展的影响效应呈现出显著的时空异质性特征。特别值得注意的是，政府财政投入对两者协同发展的正向促进作用在研究期间呈现持续增强态势；数字技术水平作用效果在研究前期显著增加，在后半段增长较缓慢；其他变量方面，经济发展水平传统金融发展水平；农业创新能力、自然灾害情况在研究前期为负向作用，后面转为正向，并且正向效果逐渐增强；正向作用逐渐减弱。传统金融发展水平的作用方正向效果逐渐减弱；城镇化水平回归系数均为负，大小变化较为无序，也从侧面反映各省域对人口变动情况等因素的反应程度存在异质性。

表 7-13 2011—2022 年各变量回归系数均值

年份	截距项	财政支农力度	城镇化率	经济发展水平	数字技术水平	传统金融水平	农业创新能力	自然灾害情况
2011	0. 23333	0. 24116	-0. 07940	1. 38702	0. 07635	0. 03652	-0. 33664	-0. 01505
2012	0. 26339	0. 26235	-0. 10396	1. 40888	0. 10108	0. 03510	-0. 33129	-0. 01470
2013	0. 28930	0. 28458	-0. 15184	1. 42939	0. 14487	0. 03022	-0. 27295	-0. 00904
2014	0. 30474	0. 29963	-0. 18632	1. 40415	0. 17968	0. 02409	-0. 17254	-0. 00222
2015	0. 32389	0. 32259	-0. 14804	1. 21786	0. 15331	0. 01816	0. 00294	0. 00083
2016	0. 33966	0. 34194	-0. 09552	1. 01512	0. 11739	0. 01287	0. 13949	0. 00302
2017	0. 35480	0. 35783	-0. 07112	0. 93091	0. 09794	0. 00997	0. 21622	0. 00423
2018	0. 37270	0. 38493	-0. 09260	0. 94980	0. 11584	0. 00808	0. 27204	0. 00573
2019	0. 39826	0. 40320	-0. 13031	0. 98408	0. 14639	0. 00753	0. 29410	0. 00737
2020	0. 42091	0. 42446	-0. 12350	0. 96407	0. 13698	0. 00863	0. 27803	0. 00624

续表

年份	截距项	财政支农力度	城镇化率	经济发展水平	数字技术水平	传统金融水平	农业创新能力	自然灾害情况
2021	0.44980	0.44564	-0.07913	0.89938	0.11068	0.00945	0.23165	0.00625
2022	0.47478	0.45999	-0.08497	0.83641	0.17128	0.00791	0.15247	0.01284

基于空间计量分析结果，本研究采用自然断点分类法将各省份解释变量的回归系数均值划分为五个等级，通过可视化制图技术展现各影响因素在空间维度上的分布特征，从而系统揭示我国农业保险与农业现代化耦合协调发展影响机制的区域异质性规律。

实证分析结果表明，政府财政支持对各省级行政区的农业保险与农业现代化协同发展均具有显著正向影响，这一结论与全国层面的研究结果呈现一致性特征，且这种促进作用呈现出东北地区和东南沿海地区强，中部地区弱，西部地区次之的空间分布格局。其中促进拉动作用较大的省份有黑龙江、吉林、内蒙古、浙江、福建；提升拉动作用最弱的是河南、湖北，这两个省都是属于中部地区的农业大省。虽然政府对中西部地区的农业保险和农业发展给予了一定的财政补贴支持，但这些资金的使用效率不高，未能充分发挥其促进作用。部分财政补贴资金未能精准地投入到最需要的领域和环节，导致资金浪费和效益低下。在农业保险补贴方面，一些地区的补贴标准不合理，未能根据当地的农业生产风险和农民的实际需求进行调整，影响了农民的参保积极性。

传统金融水平对我国各省域农业保险与农业现代化耦合协调发展呈现明显的区域差异性。西北地区强于中部地区、中部地区强于东部地区，呈现一种经济发展水平相对较弱的地区，传统金融水平的作用强度越强的发展格局。原因可能是东部地区整体经济发展水平较高，第一产业不作为区域的支柱产业，而是更多地依赖于第二、第三产业。因此，东部地区涉农贷款的人均额度较高，但由于其金融体系较为完善，融资渠道多样，经济结构多元化，因此涉农贷款在农业中的作用相对有限。反观西部地区较于东部地区，经济发展水平较低，金融体系不够完善，但传统金融即涉农贷款的效果更强，原因之一在于国家在实施“西部大开发”战略、“一带一路”倡议等过程中，对西部地区给予了大量的政策扶持和资金支持，这些政策不仅促进了西部地区的整体发展，也间接增强了涉农贷款在西部地区的作用。同时另一方面反映中西部地区乡村产业发展依赖于传统金融，企业和农户主要依靠银行贷款等传统金融方式获取资金支持，对农业保险、供应链金融、互联网金融等新型金融工具的运用较少。传统金融机构在服务乡村时，往往存在贷款门槛高、手续烦琐、额度有限等问题，难以满足多样化资金需求，在一定程度上制约了农业现代化的进程。

城镇化水平对西部地区城镇化水平影响正向作用效果最大，包括内蒙古、陕西、山西、四川、云南。其次是东部地区，而中部地区城镇化水平产生负向作用最强，包括湖北、湖南、江西、广东。究其原因，西部地区城镇化起步相对较晚，基础较为薄弱。然而，这也为西部地区城镇化发展提供了较大的潜力和空间。东部地区是城镇化起步较早，基础较好，已经形成了较为完善的城镇体系和产业结构，城镇化水平高。但这也导致了东部地区城镇化发展的边际效应递减，即新增城镇化人口对耦合协调发展的推动作用逐渐减弱。而中部地区城镇化水平的提高对二者的耦合协调发展产生最强的负向作用，原因可能是城镇化的发展使得中部地区的农村大量劳动力从农业中转移出来，这导致农业面临人力资源匮乏的问题，特别是在需要大量劳动力的传统农业和新兴农业领域。同时，由于农村教育、医疗等公共服务设施相对滞后，难以吸引和留住外部优秀人才，进一步加剧了人才短缺问题。

自然灾害情况对各省域农业保险与农业现代化的耦合发展的回归系数有正有负，其中对耦合发展正向作用最强的地区集中在东北三省和南部地区，而对耦合发展起负向作用最大的地区集中在华北地区，包括北京、天津、河北、山西、河南、山东、江苏、安徽，其中不乏农业大省。究其原因，一直以来东北地区对农业保险发展较为重视，因此在发生自然灾害风险时能迅速恢复生产减少损失。而中部地区农业基础性设施建设相对滞后，导致抗御自然灾害的能力不强；且灾害频发严重，每年有大量的自然灾害发生，如洪水、干旱、病虫害等；缺乏合理的灾害风险共担机制，这导致灾害损失主要由种粮区承担，增加了地方政府的财政负担，也从侧面说明农业保险没有发挥应有的作用。因此，当自然灾害发生时，中部地区的农业更容易受到冲击，造成农作物减产和生产设施破坏，从而对农业保险与农业现代化的耦合发展产生抑制作用。

其他解释变量层面，各因素对我国农业保险与农业现代化协同发展关系的影响呈现出明显的区域异质性特征。具体而言，经济发展水平对二者协调度的促进作用呈现出东南高、西北低的梯度分布态势。与此同时，数字技术因素对协同发展的正向效应则表现为由北向南逐渐减弱的空间分异模式。值得注意的是，东北三省（黑龙江、吉林、辽宁）及西北地区（青海、甘肃）的数字技术促进作用最为显著，而西南地区的重庆、贵州等地则表现出相对较弱的影响效果。另外，农业创新能力对农业保险与农业现代化耦合协调发展的正向作用较强的地区集中在南部地区和新疆，其中四川和甘肃作用效果最弱，甚至为负。显然，这三个解释变量在我国农业保险与农业现代化同步进步的过程中，其作用方向和作用强度亦呈现地域差异。

7.5　本章小结

为深入验证我国各省份农业保险体系与现代农业发展之间的协同关系呈现出的空间关联特征和集聚效应，本章首先运用全局莫兰指数与局部莫兰指数进行空间自相关分析方法检验，随后依据检验结果选取多变量空间计量模型，系统探究影响二者耦合协调发展的关键因素，从整体与局部层面切入，并融合时间与空间因素，探讨决定我国及各省份农业保险和农业发展现代化间协同作用的主要促进要素。

第 8 章

农业保险与农业现代化耦合协调发展的实现路径

耦合协调发展的实现需依托多方主体协同。本章引入演化博弈模型，分析政府、市场与农户的策略互动，提出农业保险与农业现代化耦合协调发展的实现路径。通过策略互动分析，明确主体行为优化的方向，为第9章设计系统性保障机制提供行动框架，同时凸显“路径探索—机制支撑”的递进逻辑。

8.1 用演化博弈法研究耦合协调发展实现路径的适用性

农业保险与农业现代化的协同发展是一个由无序向有序演进的动态过程，其本质是多元主体在复杂系统中通过策略互动逐步形成稳定均衡关系的系统性变革。演化博弈法在此研究领域的适用性源于其对动态性、复杂性和均衡性的综合解析能力。首先，该方法通过引入时间维度与策略调整机制，有效刻画了协同过程中参与主体的动态交互特征。在农业保险与现代化耦合系统中，政府、农户、保险公司等主体的决策行为受自然风险波动、政策导向调整、技术迭代周期等多重不确定性因素影响，其策略选择并非静态最优而是随时间持续演化。演化博弈法通过构建复制动态方程，模拟主体基于收益反馈的渐进式策略调整过程，揭示协同路径形成的阶段性特征与临界触发条件。其次，该方法能够精准解析多维非线性关系下的主体异质性行为。协同发展涉及政策激励强度、技术渗透效率、市场供需匹配等多重变量的交互作用，传统静态模型难以捕捉主体间的策略依存关系。演化博弈通过设定差异化收益矩阵与策略空间，量化主体在风险偏好、信息获取、资源禀赋等方面的异质性，进而分析技术扩散阈值、保费补贴弹性等关键参数对协同路径的影响机制。最后，该方法通过收敛于演化稳定均衡策略，为协同路径的稳定性提供理论保障。在有限理性假设下，博弈主体通过试错学习与策略模仿逐步逼近均衡状态，这一过程既反映现实决策的渐进性特征，又能筛选出具有抗干扰能力的稳态解，从而为政策设计提供兼顾效率与韧性的路径选择依据。相较于传统均衡分析，演化博弈法强调动态演化中的路径依赖与锁定效应，更贴合农业系统转型的长周期性与渐进性特点，为破解“政策激励—主体响应—系统重构”的协同难题提供了方法论支撑。

8.2 农业保险与农业现代化耦合协调发展的演化博弈分析

8.2.1 农业保险与农业现代化耦合协调参与主体的行为分析

由于农业保险在保险活动中存在政府、保险公司以及农户三方参与主体，故设定演化博弈的主体为农户、保险公司和政府。

（1）政府行为

作为农业保险与农业现代化协同发展的核心主导者，政府通过制度设计、资源调配与风险管控深刻影响二者的协同演化路径。在农业保险领域，由于保险产品具有显著的正外部性，政府需承担三重角色：其一作为制度供给者，构建风险分散与利益联结机制以弥补市场失灵；其二作为兜底责任主体，通过财政补贴平衡社会效益与支出压力；其三作为系统协调者，动态调整政策工具组合以适应农业现代化阶段特征。在政策执行层面，需兼顾短期风险防控与长期制度优化：短期通过差异化保费补贴和智能核保技术稳定生产预期；长期则依托监管沙盒机制创新保险产品形态，同步推进农业经营主体数字化转型。未来政策应聚焦精准施策与可持续性机制建设，通过完善市场化风险分散工具和数字基础设施投入，推动农业保险从“政策驱动”向“市场驱动”转型，构建以市场化运作为基础、政策支持为引导的新型发展模式。

（2）保险公司行为

保险公司是农业保险的经营主体，保险公司以利润最大化为经营目标，追求保费收入与赔付成本差额的最大化。在农业保险市场中，保险公司的决策行为会受到政府补贴以及政府监管行为的影响。一方面保险公司经营农业保险的主要动力来源于政府的政策补贴和支持，补贴延迟或削减将会导致保险公司改变自己的经营策略。另一方面政府加强对保险公司的监管将会提高保险公司的违规成本，进而迫使保险公司进行规范经营。承保前，保险公司需衡量投保者的风险水平，确定适宜的保险费率和保费，保费收入是保险公司经营农业保险的主要收入，业务经营成本则来自方方面面，如查勘定损支出、人员管理支出、赔付支出等，政府补贴会降低保险公司的经营成本。保险公司在农业保险与农业现代化耦合协调中扮演“风险管理者”与“政策执行者”双重角色。其行为受政策激励、技术约束及风险结构的综合影响。未来需通过制度创新与技术赋能，引导保险公司从“被动赔付”转向“主动风控”，最终实现系统耦合协调度的跃升。

（3）农户行为

农户作为农业保险与农业现代化协同发展的核心需求方，兼具风险决策主体、政策响应节点和市场能动参与者的复合型角色：在灾害脆弱性驱动下呈现显著风险规避倾向，并能通过保险合约选择反向影响产品创新方向。其行为演化受补贴牵引机制、技术赋能机制和风险重构机制三重交互作用。政府需要通过差异化补贴、技术减损和金融教育构建“激励相容”机制。未来政策应聚焦“精准性”与“可持续性”，推动农户从“被动参保”转向“主动风控”，最终实现系统耦合协调度的跃升。

8.2.2　农业保险与农业现代化耦合协调演化博弈模型构建

（1）模型假设与构建

假设1：本书的博弈主体为政府（G）、保险公司（I）和农户（F）。政府、保险公司、农户均为有限理性主体，无法一次性选择最优策略，而是通过局部信息学习和模仿调整逐步逼近均衡信息。政府基于社会福利最大化目标，但受财政约束和政策时滞影响，保险公司追求利润最大化，需要权衡风险与收益，农户依赖经验学习调整参保策略。各博弈主体的策略集合如下：农户的策略集合为（采用现代化技术 A_1，维持传统生产 A_2），政府的策略集合为（积极支持 B_1，消极应对 B_2），保险公司的策略集合为（创新保险产品 C_1，维持现有产品 C_2）。

本书基于农户、政府、保险公司三类核心主体的行为动机与交互关系，提出假设 2：农户决策维度，采用现代化技术的总成本（C_f）、现代化技术带来的预期净收益为（B_f）、自然灾害或市场风险导致农户的潜在损失（L_f），在传统模式下自然灾害或市场风险导致的潜在损失比在现代化生产模式下的损失更高；政府决策维度，政府提供给农户的补贴（S_g），推动农业现代化的政策成本（C_g），农业现代化能够提高就业并能对粮食安全产生正面影响，即农业现代化可以带来的社会效益（B_g），多方协同带来的税收增长和社会稳定等额外收益（Dg），然而，政府选择消极应对时，农业现代化进程受损会导致社会成本（L_g）；保险公司决策维度，创新农业保险产品具有研发与推广成本（C_i），覆盖现代化风险的保费收入（Bi），传统模式下保险赔付具有潜在损失用（L_i）。三方合作可通过技术—保险—政策耦合产生协同收益，即协同净收益大于各主体独立行动的净成本。

假设 3：农户选择采用现代化技术 A_1 的概率为 x，政府选择积极支持 B_1 的概率为 y，保险公司选择创新保险产品 C_1 的概率为 z。

（2）博弈各方的收益函数矩阵及复制动态方程

三方主体策略收益矩阵详见表 8－1。

表 8－1　三方主体策略组收益矩阵

博弈策略（F，G，I）	农户收益（F）	政府收益（G）	保险公司收益（I）
(A_1, B_1, C_1)	$B_f + S_g + D_f - C_f$	$B_g + D_g - C_g$	$B_i + D_i - C_i$
(A_1, B_1, C_2)	$B_f + S_g - L_f - C_f$	$B_g - C_g$	$B_i - L_i$
(A_1, B_2, C_1)	$B_f + D_f - L_f - C_f$	$B_g - L_g$	$B_i + D_i - C_i - L_i$
(A_1, B_2, C_2)	$B_f - L_f - C_f$	0	$B_i - L_i$
(A_2, B_1, C_1)	$S_g - L_f$	$-C_g$	$-C_i$

续表

博弈策略（F，G，I）	农户收益（F）	政府收益（G）	保险公司收益（I）
(A_2, B_1, C_2)	$S_g - L_f$	$-C_g$	$-L_i$
(A_2, B_2, C_1)	$-L_f$	0	$-C_i$
(A_2, B_2, C_2)	$-L_f$	0	$-L_i$

当农户、政府和保险公司三方达成合作时，三方的收益均为最大，并且此时能够达成农业保险和农业现代化耦合协调发展。因此，当博弈系统稳定在（采用现代化技术，积极支持，创新保险产品）策略时，农业保险和农业现代化能够实现相互促进发展。

农户选择现代化策略（A_1）的期望收益为 U_{F1}，农户选择传统策略（A_2）的期望收益为 U_{F2}。

$$U_{F1} = yz(B_f + S_g + D_f - C_f) + y(1-z)(B_f + S_g - L_f - C_f) + (1-y)z(B_f + D_f - L_f - C_f) + (1-y)(1-z)(B_f - L_f - C_f) \quad (8-1)$$

$$U_{F2} = yz(S_g - L_f) + y(1-z)(S_g - L_f) + (1-y)z(-L_f) + (1-y)(1-z)(-L_f) \quad (8-2)$$

农户平均收益为：

$$\overline{U}_f = x\,U_{F1} + (1-x)\,U_{F2} \quad (8-3)$$

农户的复制动态方程为：

$$F(x) = \frac{dx}{dt} = x(U_{F1} - \overline{U}_f) = x(1-x)(U_{F1} - U_{F2}) = x(1-x)(yzL_f + zD_f + B_f - C_f) \quad (8-4)$$

$$\frac{dF(x)}{dx} = (2x-1)(-yzL_f - zD_f - B_f + C_f) \quad (8-5)$$

根据微分方程稳定性定理，农户处于稳定状态必须满足：$F(x) = 0$ 且 $\frac{dF(x)}{dx} < 0$。当 $y = \frac{-zD_f - B_f + C_f}{zL_f} = y^*$ 时，$\frac{dF(x)}{dx} \equiv 0$，不论农户策略选择的初始概率如何，该概率不会随时间而改变，农户的策略处于稳定状态。

当 $y<y^*$ 时，$\frac{dF(x)}{dx}<0$，$x=1$ 为 ESS；反之 $x=0$ 为 ESS。

政府选择积极支持（B_1）时的期望收益为U_{G1}，政府选择消极应对（B_2）时的期望收益为U_{G2}。

$$U_{G1}=xz(B_g+D_g-C_g)+x(1-z)(B_g-C_g)-(1-x)zC_g+(1-x)(1-z)(-C_g) \tag{8-6}$$

$$U_{G2}=xz(B_g-L_g) \tag{8-7}$$

政府平均收益为：

$$\overline{U}_g=yU_{G1}+(1-y)U_{G2} \tag{8-8}$$

政府的复制动态方程为：

$$F(y)=\frac{dy}{dt}=y(U_{G1}-\overline{U}_g)=y(1-y)[xz(D_g-B_g+L_g)+xB_g-C_g] \tag{8-9}$$

$$\frac{dF(y)}{dy}=(2y-1)[xz(B_g-L_g-D_g)-xB_g+C_g] \tag{8-10}$$

根据微分方程稳定性定理，农户处于稳定状态必须满足：$F(y)=0$ 且 $\frac{dF(y)}{dy}<0$。当 $z=\frac{xB_g-C_g}{x(B_g-L_g-D_g)}=z^*$ 时，$\frac{dF(y)}{dy}\equiv 0$，不论政府策略选择的初始概率如何，该概率不会随时间而改变，政府的策略处于稳定状态。当 $z<z^*$ 时，$\frac{dF(y)}{dy}<0$，$y=1$ 为 ESS；反之 $y=0$ 为 ESS。

保险公司选择创新保险产品（C_1）时的期望收益为U_{I1}，保险公司选择维持现有产品（C_2）的期望收益为U_{I2}。

$$U_{I1}=xy(B_i+D_i-C_i)+x(1-y)(B_i+D_i-C_i-L_i)+(1-x)y(-C_i)+(1-x)(1-y)(-C_i) \tag{8-11}$$

$$U_{I2}=xy(B_i-L_i)+x(1-y)(B_i-L_i)+(1-x)y(-L_i)+(1-x)(1-y)(-L_i) \tag{8-12}$$

保险公司的平均收益：

$$\overline{U}_i=z\,U_{I1}+(1-z)U_{I2} \tag{8-13}$$

复制动态方程为：

$$F(Z)=\frac{dz}{dt}=z(U_{I1}-\overline{U}_i)=z(1-z)[xyL_i+x(D_i-L_i)-C_i+L_i] \tag{8-14}$$

$$\frac{dF(z)}{dz}=(2z-1)[x(L_i-D_i)-xyL_i+C_i-L_i] \tag{8-15}$$

根据微分方程稳定性定理，农户处于稳定状态必须满足：$F(z)=0$ 且$\frac{dF(z)}{dz}<0$。当 $y=\frac{x(L_i-D_i)+C_i-L_i}{xL_i}=y^{**}$ 时，$\frac{dF(z)}{dz}\equiv 0$，不论政府策略选择的初始概率如何，该概率不会随时间而改变，政府的策略处于稳定状态。当 $x<x^*$ 时，$\frac{dF(z)}{dz}<0$，$z=1$ 为 ESS；反之 $z=0$ 为 ESS。

8.2.3 农业保险与农业现代化耦合协调演化策略及路径分析

在单个主体策略稳定性分析的基础上，进一步对三方主体演化博弈系统均衡点的稳定性进行分析。只要存在任意一组解 $(x, y, z)\in[0, 1]$ 满足$\frac{dx}{dt}=\frac{dy}{dt}=\frac{dz}{dt}=0$，那么该解对应的点即达到了稳态均衡。根据演化博弈渐进稳定性原理，可以得到 8 个纯策略均衡点。分别为：E1(0,0,0)，E2(0,1,0)，E3(0,0,1)，E4(0,1,1)，E5(1,0,0)，E6(1,1,0)，E7(1,0,1)，E8(1,1,1)。三方演化博弈模型的雅可比矩阵为：

$$J=\begin{bmatrix} J_1 & J_2 & J_3 \\ J_4 & J_5 & J_6 \\ J_7 & J_8 & J_9 \end{bmatrix}=\begin{bmatrix} \frac{\partial F(x)}{\partial x} & \frac{\partial F(x)}{\partial y} & \frac{\partial F(x)}{\partial z} \\ \frac{\partial F(y)}{\partial x} & \frac{\partial F(y)}{\partial y} & \frac{\partial F(y)}{\partial z} \\ \frac{\partial F(z)}{\partial x} & \frac{\partial F(z)}{\partial y} & \frac{\partial F(z)}{\partial z} \end{bmatrix}$$

$$
= \begin{bmatrix} (2x-1) & x(1-x) & x(1-x) \\ (-yzL_f - zD_f - B_f + C_f) & zL_f & (yL_f + D_f) \\ y(1-y) & (2y-1)[xz(B_g & y(1-y) \\ [z(D_g - B_g + L_g) + B_g] & -L_g - D_g) - xB_g + C_g] & x(D_g - B_g + L_g) \\ z(1-z)(yL_i + D_i - L_i) & xz(1-z)L_i & (2z-1)[x(L_i - D_i) \\ & & -xyL_i + C_i - L_i] \end{bmatrix} \tag{8-16}
$$

根据李雅普诺夫第一判别法，利用系统雅可比矩阵符号可以判断渐进稳定性：雅可比矩阵的所有特征值均具有负实部，则均衡点为渐进稳定点，对应的策略组合为 ESS；若 3 个特征值均为正，则此点为不稳定点，若 1 个或 2 个为正，则为鞍点。详见表 8－2。

表 8－2　　各均衡点的特征值

均衡点	特征值
$E_1(0,0,0)$	$\lambda_1 = B_f - C_f$ $\lambda_2 = -C_g$ $\lambda_3 = -C_i + L_i$
$E_2(0,1,0)$	$\lambda_1 = B_f - C_f$ $\lambda_2 = C_g$ $\lambda_3 = -C_i + L_i$
$E_3(0,0,1)$	$\lambda_1 = B_f - C_f + D_f$ $\lambda_2 = -C_g$ $\lambda_3 = C_i - L_i$
$E_4(0,1,1)$	$\lambda_1 = B_f - C_f + D_f + L_f$ $\lambda_2 = C_g$ $\lambda_3 = C_i - L_i$
$E_5(1,0,0)$	$\lambda_1 = -B_f + C_f$ $\lambda_2 = B_g - C_g$ $\lambda_3 = D_i - C_i$

续表

均衡点	特征值
$E_6(1,1,0)$	$\lambda_1 = -B_f + C_f$ $\lambda_2 = -B_g + C_g$ $\lambda_3 = D_i - C_i + L_i$
$E_7(1,0,1)$	$\lambda_1 = -D_f - B_f + C_f$ $\lambda_2 = L_g + D_g - C_g$ $\lambda_3 = -D_i + C_i$
$E_8(1,1,1)$	$\lambda_1 = -L_f - D_f - B_f + C_f$ $\lambda_2 = -L_g - D_g + C_g$ $\lambda_3 = -D_i + C_i - L_i$

当 $B_f < C_f$，$C_g > 0$，$L_i < C_i$ 时，短期稳定点为 $E_1(0,0,0)$，对农户来说即使不考虑风险损失，现代化技术的直接收益也无法覆盖成本。农户缺乏经济激励，即使政府或保险公司提供部分支持，也难以保障收益。政府政策的净成本无法通过社会效益进行覆盖，政府倾向于减少低效支出，避免财政压力积累。保险公司维持传统保险产品的赔付损失低于开发新产品的成本。在短期，农户和保险公司选择维持现状，政府选择消极应对。在长期，农户持续进行传统生产导致技术停滞，农业抗风险能力下降，在自然灾害频发时，政府可能被迫增加救灾支出，政府成本进一步升高，保险公司可能因长期亏损而退出市场，加剧农业风险。

当 $B_f < C_f$，$C_g < 0$，$L_i < C_i$ 时，短期稳定点为 $E_2(0,1,0)$，农户采用现代化的增产收益不足以覆盖农户的投入成本，政府积极支持的成本实为净收益，保险公司维持现状可能的赔付损失小于创新成本，保险公司更偏向于维持现状。在长期，当政府的对农户的补贴增加时，农户有可能选择进行现代化生产。

当 $B_f + D_f < C_f$，$C_g > 0$，$C_i < L_i$ 时，短期稳定点为 $E_3(0,0,1)$，农户采用现代化的收益，即采用现代化的直接的增产收益和协同收益的和低于农户采用现代化的成本，农户进行现代化的动力不足，农户更倾向于维持传统。政府进行积极支持需要承担政策成本，农户选择进行传统生产时，

政府即使积极支持也无法获得社会收益。保险公司进行创新的成本低于维持现状的赔付损失，保险公司的创新策略具有优势。在短期内，均衡点局部稳定。在长期演化中，保险公司虽盈利，但因农户不参保，创新保险产品缺乏应用场景，长期可能退回传统模式。农户持续亏损导致农业技术停滞，政府被迫增加救灾支出。

当 $B_f + D_f + L_f < C_f$，$C_g < 0$，$C_i < L_i$ 时，短期稳定点为 $E_4(0,1,1)$，农户采用现代化总收益小于总成本，保险公司创新成本小于传统赔付带来的潜在损失政府在进行政策支持时所获得的间接收益大于成本。在短期政府积极支持和保险公司创新会形成政策—市场双驱动，但农户因收益不足拒绝参加，会使系统陷入僵局。长期来看，政府可能调整策略降低农户成本，当农户成本小于收益时，农户会选择采用现代化生产；否则系统将会退回 $E_1(0,0,0)$。

当 $B_f > C_f$，$B_g < C_g$，$D_i < C_i$ 时，短期稳定点 $E_5(1,0,0)$，农户采用现代化技术时带来的直接收益能够覆盖农户的投入成本，此时即使没有政府补贴和保险支持，仍能获得净收益。政府的政策投入高于产生的社会效益，保险公司的协同收益低于创新成本，保险公司缺乏创新的动力。在短期内，农户选择持续现代化，政府选择消极应对，保险公司选择维持传统保险。在长期，农户可能因为风险退出现代化，若传统条件下保险赔付带来的潜在损失显著增加，将会使保险公司被迫创新，若农户现代化所带来的政府的协同收益足够大的话，政府将会转为积极支持。

当 $B_f > C_f$，$B_g > C_g$，$D_i + L_i < C_i$ 时，系统演化短期稳定点为 $E_6(1,1,0)$。此时农户选择采用现代化技术，现代化直接收益超过成本，即使没有政府补贴或保险公司支持，农户采用现代化技术的直接收益仍能覆盖成本，即现代化本身对农户来说具有经济可行性。政府通过补贴或政策引导获得的社会效益超过其支出成本，即政策干预具有净正收益。农业现代化对粮食安全和农村就业具有长期贡献，政府会选择积极支持现代化。保险公司创新产品的收益，也即协同收益和创新保险产品所避免的赔付损失无法覆盖保险公司进行研发与推广新产品的成本，虽然创新能够避免一部分

有关农业现代化的保险的损失，但是由于创新成本太高且创新会面临技术或市场的不确定性，所以保险公司进行保险创新属于无利可图的状态。因此，在这个假设条件下，短期稳定点为 $E_6(1,1,0)$，农户选择采用现代化技术，政府选择积极支持，保险公司选择维持现有保险产品。长期来看，若政府选择通过补贴降低保险公司的创新成本，则可能会转换为三方合作，但是政府增加补贴会导致政策成本增加，影响前提假设的成立。另外，保险公司创新动力不足，农户在采用现代化生产时，缺乏风险保障机制，农户可能因为风险退出现代化。

当 $D_f + B_f > C_f$，$L_g + D_g < C_g$，$D_i > C_i$ 时，系统演化短期稳定点为 $E_7(1,0,1)$。此时农户采用现代化技术的收益，也即直接收益和协同收益的和大于农户采用现代化技术的投入成本，即使政府对现代化发展进行消极应对，且保险公司不进行产品创新等额外支持，农户仍可以通过现代化技术获得净收益。政府选择积极支持的协同收益和避免的损失不足以覆盖政策成本，因此政府会偏向于选择消极应对。保险公司创新产品的协同收益要高于其创新成本，即使政府消极应对，保险公司仍然可以通过和农户合作来实现盈利。在这个假设条件下，保险公司能够通过创新产品增加市场占有率和累计数据来获得长期收益，而同时，农户现代化能够给农户带来显著的增收效益。长期来看，政府的长期消极应对可能会导致农户的协同收益下降，可能触发 $D_f + B_f < C_f$，农户将可能退出现代化，而同时政府的消极应对可能会使保险公司的数据获取成本增加，降低保险公司的协同收益进而影响保险公司的创新。

当 $L_f + D_f + B_f > C_f$，$L_g + D_g > C_g$，$D_i + L_i > C_i$ 时，系统演化稳定点为 $E_8(1,1,1)$。此时，农户选择现代化技术时，总收益（选择现代化避免的损失）+协同效益+直接收益>投入成本，通过风险管理和合作放大收益并通过技术创新和金融降低成本，最终使农户有动力自发选择进行现代化。政府选择积极支持时，政府的协同收益+政府支持现代化避免的损失大于政策成本，政府倾向于积极支持。政府需要通过促进现代化带动产业升级等提升协同收益，通过数字化等降低实施政策的成本的行为推动三方合作。保险公司选择创新产品时，保险公司的协同收益 + 保险公司创新现代化产品所避免的赔付支出 > 保险公司创新现代化保险产品的创新成本，保险公司倾向于创新产品。在上述条件下，其他策略均存在正特征值，因此农户会选择采用现代化技术、政府选择积极支持、保险公司选择创新保险产品。

8.3 基于演化博弈的农业保险与农业现代化协同发展路径研究

农业保险与农业现代化耦合协调发展是实现农业高质量发展的重要路径。二者的协同不仅能够提升农业抗风险能力，还能加速传统农业向现代化转型。结合农业保险和农业现代化耦合协调影响因素分析和上述的演化博弈，实现农业保险和农业现代化耦合协调需要分阶段、多维度推进。具体路径包括短期政府主导的财政支农与风险分担、中期市场驱动的经济发展与城镇化协调以及长期制度化的协同治理与动态调整。有以下从这三个维度展开详细论述。

8.3.1 财政支农与风险分担的政府引导机制

农业保险与农业现代化耦合协调的演化稳定性，依赖于系统内部供需结构的适配性、利益分配的均衡性以及外部政策工具的精准调控。在短期阶段，政府作为核心调控主体，需通过财政支农与风险分担的双重机制，激活农户与保险公司的参与动力，解决内生驱动与外生调节的关键矛盾，为系统向全合作均衡演化奠定基础。

（1）内生驱动机制的优化

在农业现代化进程中衍生的新型风险，如智能农机故障、规模化生产的气候敏感性，要求农业保险产品在覆盖范围、定价机制上实现动态匹配。若保险供给滞后于现代化风险演化，将导致供需脱节，引发市场失灵。政府通过财政支农资金定向支持保险公司对保险产品进行创新，确保保险供给能够响应现代化转型中的风险特征。例如，通过对保险公司提供创新补贴，降低保险公司研发成本（C_i），进而降低其创新门槛，推动保险产品从传统灾害险向精准化、定制化方向升级，从而提升供需结构的动态适配性。同时，在农业现代化进程中，农业数字化技术与保险科技的协同水平直接影响信息不对称性的降低与风险识别能力的优化。政府可通过资助农业大数据平台建设，整合农业生产、气象、市场等多维度数据，为保险公司提供精准风险评估基础。将区块链技术应用于保单管理与理赔流程，通过智能合约自动执行赔付条件，从而减少人为干预成本，增强主体间信任。技术赋能不仅降低交易成本，还通过提升透明度强化农户参保意愿，形成供需双向促进的正向循环。在演化博弈模型中，对于农户，政府补贴 S_g 直接影响农户的净收益 $B_f + S_g + D_f - C_f$。当补贴足够覆盖成本增量时，农户策略快速向现代化（A1）收敛；对于保险公司，政府通过保费补贴或税收减免，降低保险公司的创新成本（C_i），确保满足 $B_i + D_i > C_i + L_i$ 的稳定条件；对于政府，政府通过协同收益分配（D_g）覆盖政策推广现代化的政策成本（C_g），避免财政不可持续导致的政策反转。

（2）外生调节力量的精准介入

在短期内政府进行财政干预需要具备弹性调整能力，避免路径依赖导致的低效均衡锁定。例如，设定补贴比例（S_g）的浮动区间，根据农户参与率进行动态调整：当农户参与现代化的比例低于一定程度时，提高政府对农户的补贴比例（S_g）至区间上限以激活参与；而当农户采用现代化进行生产的比例高于一定程度时，逐步降低政府对农户的财政补贴，并转向市场化保费分担。此种动态设计既保障初期强激励，又为中期政策退出预留空间。另外，政府还需要通过风险补偿基金、再保险支持等工具对冲系统性风险冲击。例如，设立中央—地方联动的农业风险补偿基金，按比例提取财政收入注入基金池，用于覆盖极端灾害损失。此举通过隐性降低保险公司实际赔付压力（L_i），缓解其策略保守倾向（C_2），同时避免农户因灾返贫导致的策略倒退（A_2）。此外，通过再保险机制将部分风险转移至国际资本市场，进一步提升系统抗压韧性。

（3）主体行为特征的引导与纠偏

农户低估现代化收益、高估传统生产安全性等非理性决策，可能导致需求端偏离最优策略。政府需通过培训项目与示范工程，提升其风险认知水平与保险信任度。例如，组织现代化技术推广活动，直观展示参保农户的收益优势（$B_f+S_g+D_f-C_f-L_f>-L_f$），纠正认知偏差。同时，简化保险购买流程，开发移动端投保平台，降低金融素养门槛。而在这一阶段对保险公司来说，保险公司的同质化竞争与风险评估技术滞后会削弱供给端活力。政府需通过差异化监管政策引导其创新方向：对开发区域定制化产品的保险公司提高监管容忍度，允许试点期内适度放宽偿付能力要求。建立保险科技研发专项基金，支持人工智能风险评估模型、遥感定损技术等前沿领域攻关，通过技术突破降低创新成本。

（4）协同效应与系统韧性的阶段性构建

通过财政支农与风险分担，短期内实现农户现代化成本（C_f）、保险公司创新成本（C_i）的双降，同时提升农户收益（$B_f+S_g+D_f$）与保险公司利润（B_i+D_i），使三方净收益同步满足 $B_f+S_g+D_f>C_f+L_f$、$B_g+D_g>C_g$、$B_i+D_i>C_i+L_i$ 的稳定性条件，推动系统向全合作均衡收敛。应用风险补偿基金与再保险机制，能够显著降低极端灾害对农户与保险公司的冲击强度（L_f、L_i），防止外部风险通过放大脆弱性引发策略反转。此外，技术融合带来的信息透明化与流程自动化，可减少人为操作风险，增强系统内部稳定性。

8.3.2 市场驱动与城镇化的产业协同路径

农业保险与农业现代化耦合协调的中期演化路径，需要依托城镇化进程与市场机制的双重驱动，通过产业协同与金融创新优化内生驱动机制，分散外生风险冲击，推动系统向高阶稳定均衡跃迁。此阶段的核心在于强化供需适配性、平衡利益分配关系、提升主体策略兼容性，并构建动态反馈机制以应对环境不确定性。

（1）内生驱动机制的深化

在城镇化进程中，土地资源的集约化配置为农业现代化提供了物理空间与效率基础。通过土地流转政策整合零散耕地，形成规模化生产集群，能够显著降低单位面积的生产成本（C_f），并通过机械化、智能化技术应用提升单产水平（B_f）。规模化经营不仅降低农户的潜在风险（L_f），增强农户抗风险能力，还为标准化保险产品的设计提供数据基础，优化保险供给与现代化风险的匹配度。在演化博弈框架下，土地集约化通过提升农户的直接收益（B_f）与降低农户的潜在风险（L_f），使农户现代化净收益条件 $B_f + S_g + D_f > C_f + L_f$ 更易满足，加速策略向现代化（A_1）收敛。另外，城镇化催生的"农业＋旅游""农业＋电商"等新业态，通过多元化收益渠道降低了农户对传统种植的依赖，分散单一风险暴露。例如，休闲农业将自然风险部分转化为可管理的运营风险，使风险特征更易被保险产品覆盖。产业链延伸还通过增值服务创造协同收益（D_f），增强农户与保险公司的利益联结。在此过程中，需要确保保险产品设计与新业态风险特征动态适配，避免供需错配导致的策略偏离。

（2）外生调节力量的整合

自然灾害频发与市场波动构成外生风险冲击的主要来源。通过巨灾保险证券化（如发行农业巨灾债券），可将系统性风险转移至资本市场，降低保险公司实际赔付压力（L_i）。同时，探索"保险＋期货"模式，利用期货市场的价格发现功能对冲农产品价格波动风险（L_f）。此类金融工具通过风险再分配，削弱外部冲击对主体策略的扰动，增强系统抗压韧性。城镇化与产业协同为风险量化提供了数据基础。基于农业生产、气象、市场等多源数据，构建动态风险评估模型，实现保费定价与风险暴露的动态匹配。例如，引入机器学习算法预测区域灾害概率，并据此调整保费率（B_i）。市场化定价不仅提升保险产品的风险覆盖精度（供需适配性），还通过价格信号引导农户采用低风险生产技术（如耐旱作物种植），形成风险防控的正向反馈。打破保险市场同质化竞争格局，鼓励差异化产品创新与服务升级。通过放宽市场准入、优化监管规则，吸引科技企业与专业机构参与农业保险供给。例如，允许科技公司基于物联网设备数据开发实时定损产品，或与保险公司合作推出“保险＋技术解决方案”组合服务。竞争性市场通过降低创新成本（C_i）与提升服务效率，驱动供给端策略向高效益均衡演化。

（3）主体行为的优化

对农户来说，城镇化带来的信息流动与技术扩散，有助于提升农户风险认知水平。通过社区培训、数字化教育平台普及保险知识，纠正其“重传统、轻保险”的认知偏差。同时，简化保险条款与理赔流程，降低金融素养门槛，使农户更易理解参保收益（$B_f + S_g + D_f - C_f - L_f > -L_f$），推动需求端策略向理性化演进。对保险公司来说，保险公司可以依托大数据、遥感、区块链等技术，提升风险评估、定损效率与合约执行能力。技术赋能通过降低运营成本（C_i）与赔付不确定性（L_i），增强其供给可持续性。同时，政府可通过研发补贴、税收优惠等政策，定向激励高风险高收益产品的创新，引导供给策略向长期均衡靠拢。对于政府来说，中期阶段政府需要从直接干预者转向规则制定者与市场监督者。通过立法明确保险产品创新标准、数据共享规则与风险分担比例，减少行政干预对市场信号的扭曲。同时，建立农业、财政、金融等多部门协同机制，统筹土地流转、保险补贴、信贷支持等政策工具，避免政策碎片化导致的资源耗散。

（4）从路径依赖到韧性跃迁

产业协同与金融创新形成的“规模经济→收益提升→参保率↑→风险分散→成本↓”闭环，能够强化主体策略的协同性。例如，规模化生产降低单位保险成本（C_i），吸引更多农户参保；参保率提升又通过大数法则降低保险公司赔付波动（L_i），形成自我强化机制。政府需通过周期性政策评估，识别并放大此类正反馈效应。过度依赖单一城镇化模式或保险产品可能引发新的路径锁定。需建立多元化风险分散渠道，并通过定期策略重评估，引导系统适应环境变化。此外，引入弹性政策框架，使系统能够在外部冲击下快速调整策略组合，避免均衡僵化。通过中期阶段的产业协同与市场培育，系统逐步积累抗风险资本，为向高阶均衡跃迁奠定基础。例如，规模化生产提升农户收入稳定性（B_f），降低其对短期补贴的依赖；保险科技突破增强供给端适应性，降低保险公司创新成本（C_i），使其能够响应未来更复杂的风险形态。

8.3.3 制度化与数据驱动的长效治理体系

农业保险与农业现代化耦合协调的长期稳定性，依赖于制度框架的刚性约束、技术赋能的动态适配以及治理网络的协同韧性。在演化博弈视角下，系统的可持续性需通过法律规范固化内生驱动机制、通过数据智能优化外生调节能力，并通过多层次治理结构平衡主体行为特征与动态反馈路径，最终实现从短期干预向高阶均衡的跃迁。

（1）内生驱动机制的刚性固化

长期稳定的核心在于通过法律手段固化三方利益分配规则，避免策略演化中的利益冲突与短期博弈波动。需通过《农业协同发展法》明确收益分配下限与上限，进而保障农户收益、激励保险公司进行创新以及约束政府收益。具体来说，对农户设定农户协同收益比例下限，确保其现代化净收益 $B_f + S_g + D_f - C_f$ 持续高于传统生产损失（$-L_f$），抑制农户策略倒退回传统生产的风险（A_2）；对保险公司，规定保险公司最低收益占比，保障其创新投入的可持续性（$B_i + D_i > C_i + L_i$）；对政府，限制政府分成比例，防止过度攫取收益导致市场信号扭曲。立法需要配套违规追责机制，对超额分配行为实施收益追缴与行政处罚，确保规则执行的威慑力。农业数字化与保险科技的深度融合是降低交易成本、提升供需适配性的长期基础。需通过立法要求农业大数据平台建设与数据共享标准，强制保险公司、农户与政府接入统一数据接口，实现生产风险、保险理赔、政策效果的实时互通。例如，规定保险公司必须利用遥感数据定损，农户需提供生产日志以优化风险评估。技术赋能的制度化不仅减少信息不对称，还通过透明化流程增强主体间信任，抑制机会主义行为。

（2）外生调节力量的智能化升级

政府可以依托农业大数据平台构建“监测—分析—响应”闭环，实现外生调节力量的动态精准化。政府通过机器学习算法分析政策干预与主体策略演化的关联性，持续优化参数调整逻辑，避免路径依赖或过度干预，基于风险预测模型与演化博弈稳定性条件（$B_f+S_g+D_f>C_f+L_f$、$B_i+D_i>C_i+L_i$），自动触发政策参数调整。例如，当系统检测到 L_i 因气候变暖上升到设定数值时，自动上调灾害补贴 S_g 至阈值上限；当农户参保率到设定条件时，逐步降低 S_g 并向市场化保费过渡。另外，通过定期基于演化博弈模型模拟极端情景，评估系统抗风险韧性，并据此修订法律条款与数据算法，对关键参数设定浮动区间，从而允许系统在冲击下有限偏离预设均衡，同时通过负反馈机制逐步回归稳态。

（3）主体行为特征的协同治理

在长期，通过数据平台构建农户行为画像，识别风险认知偏差与策略非理性倾向，并实施精准干预。一方面根据农户生产类型、历史风险暴露与参保记录，推送定制化保险产品，降低选择成本；另一方面实时展示参保与未参保农户的收益对比，通过行为经济学“锚定效应”纠正认知偏差。对保险公司立法规范保险产品创新边界，同时通过数据共享降低创新风险，允许保险公司在监管沙盒内试点高风险高收益产品，通过限定规模与周期控制潜在损失（L_i）。强制要求创新产品嵌入区块链智能合约，确保理赔条件自动执行，减少人为操作风险。政府同时也要建立多层协同治理体系。首先，由中央制定框架，国家层面明确收益分配比例、数据标准、风险分担规则等核心框架，保障制度刚性。其次，地方政府根据财政能力与产业特征调整政策工具。例如，经济发达地区可提高政府收益占比以支持高附加值农业，欠发达地区降低政府收益占比并强化农户直接补贴。最后，政府推动相邻区域组建风险共济联盟，通过跨区再保险分担灾害损失，提升系统整体韧性。

（4）从稳态维持到韧性跃迁

在长期要通过制度化手段固化关键正反馈回路。一方面，可以立法要求银行对参保农户实施信贷优惠，形成“参保率↑→信贷成本↓→生产投入↑→收益↑→参保率↑”的自增强链条。另一方面，可以强制政策调整必须基于实时数据反馈，确保外生调节与内生演化的动态同步。与此同时，长期治理还需要通过制度设计逐步积累系统韧性资本。建立风险准备金制度，按比例提取农业保险保费收入注入风险准备金池，用于覆盖跨周期重大损失。设立国家级农业保险科技研发基金，持续支持人工智能风险评估、区块链合约等前沿技术攻关，降低未来创新成本。另外，长期农业保险和农业现代化耦合协调发展韧性的提升还需要参与各方协同进化，定期参与策略重评估和知识更新。例如，对农户立法规定地方政府每年开展现代化技术培训与保险知识普及，提升风险意识与决策理性；对保险公司要求保险公司每三年提交技术升级报告，确保风险评估模型与生产风险演化同步。详见图 8－1。

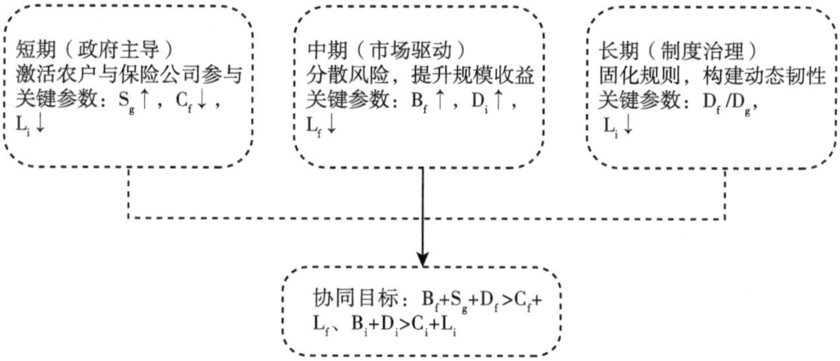

图 8－1　协同发展路径

8.4 本章小结

农业保险和农业现代化的耦合协调发展，不仅能够提高农业的抗风险能力，还能够加速农业向现代化的转型。本章首先对农业保险和农业现代化耦合协调的演化博弈进行分析，深入分析在农业保险和农业现代化耦合协调演化过程中农户、政府和保险公司三方的行为以及演化策略，其次论述了影响农业保险和农业现代化耦合协调演化稳定的影响因素，揭示了农业保险与现代化协同发展的动态规律，最后根据前文对耦合协调的影响因素的分析以及对演化博弈的分析，探讨农业保险和农业现代化耦合协调的实现路径。

第 9 章

农业保险与农业现代化耦合协调发展的保障机制

实现路径的落地需依托长效化、多维度的制度保障。本章结合前文演化博弈结论与耦合协调现实需求，从财政支持、金融创新、数字赋能、风险防控及区域协同五方面构建保障机制。通过优化政策工具、强化技术融合与完善风险共担体系，破解资源错配与动力不足问题，确保实现路径的可持续性，最终形成“理论机理—实现路径—保障机制”的完整政策闭环。

9.1　优化财政支持政策

从以上实证结果可以发现，无论是全域还是局域，政府财政支农对农业保险与农业现代化的耦合发展的作用系数均值为0.21，均有显著的促进作用。各级政府部门需持续优化农业保险的操作规范，逐步提升财政保费资助规模，并改进补贴策略及实施措施。同时应当充分考虑区域差异性特征，通过差异化补贴标准的设计，结合税收减免、专项拨款等多种财政支持手段，实现保险行业财政资源的优化配置。

9.1.1　加大补贴力度

政府可以通过构建多层级保费补贴动态调整机制，强化基础保障能力。在保费补贴方面，建议中央与省级财政建立“基础补贴＋专项补贴”的复合型支持体系。基础补贴部分可设定阶梯式增长机制，将现行种植业保险40%—45%的中央财政补贴比例逐步提升至50%—55%，对三大主粮作物试点实施全额保费补贴政策。专项补贴应重点覆盖智慧农业设施、良种繁育等新型风险标的，如对配备智能监测系统的设施农业项目，可额外提供10%—15%的专项补贴。建立补贴资金绩效评估机制，将粮食产量增长率、保险覆盖率等指标纳入考核体系，确保资金使用效益。以黑龙江省为例，2023年通过将大豆种植保险补贴比例由60%提高至75%，带动全省大豆参保面积增长23%，有效应对了国际市场价格波动风险。建立全产业链补贴体系有助于推动农业现代化转型升级。补贴范围应延伸至农业生产全链条：在产前环节，将良种繁育、智能农机购置纳入补贴范围，对生物育种实验室建设给予30%的财政补助；在产中环节，除传统种养业外，对水肥一体化设施、农业物联网设备实施“购置补贴＋运营补贴”双重支持，如山东省对智慧大棚按建设成本40%予以补助；在产后环节，重点支持冷链物流、质量追溯体系，对建设万吨级冷链仓储中心的企业给予每吨200元的建设补贴。同时，创新“保险＋期货”复合型补贴模式，在广西糖料蔗、新疆棉花等品种试点价格保险补贴，财政承担60%的期权购买费用，有效化解市场风险。另外，政府应该对不同地区实施差异化区域补贴政策，从而优化资源配置效率。针对不同区域特点制定精准补贴方案：在13个粮食主产区，建立“以奖代补”机制，对超额完成粮食安全任务的县市，中央财政承担比例可由45%提升至60%；在160个国家乡村振兴重点帮扶县，实施“保费补贴＋风险准备金”组合政策，设立专项风险池资金，按保费收入20%计提风险准备金；对新型经营主体实行“基础补贴＋规模加成”制度，家庭农场、合作社在享受普惠补贴基础上，规模经营面积每增加100亩，补贴比例提高2个百分点（最高不超过80%）。如河南省对托管面积超5000亩的农业社会化服务组织，除60%基础补贴外，额外给予15%的规模经营补贴，推动农业适度规模经营。在配套保障措施方面，建议建立中央—省—县三级财政事权与支出责任划分机制，通过一般转移支付与专项转移支付相结合的方式确保基层财力。同时完善补贴资金监管体系，运用区块链技术建立从预算编制到资金拨付的全流程追溯系统，确保政策红利精准直达农业经营主体。通过构建“普惠＋特惠”“生产＋市场”“保险＋信贷”的多维政策矩阵，全面提升我国农业风险保障能力。

9.1.2 优化补贴结构和方式

（1）建立风险分级补贴标准体系

根据区域风险特征与产业特性实施差异化补贴策略。在自然灾害高频发生区域，建立动态风险补偿系数模型，对干旱、洪涝、风蚀等特定灾害类型设置补贴加成机制，最高可达基准补贴的30%；在生态脆弱区与边疆地区，对采用抗逆作物品种、节水灌溉技术的经营主体给予额外生态补贴；针对特色农业产业集群，依据产业成熟度与市场潜力制定分级补贴标准——对处于导入期的新兴产业（如高原特色中药材）实施高比例补贴（60%—70%），对成熟期产业逐步降低补贴依赖度，引导市场化可持续发展。

（2）创新多元化财政支持工具

突破传统保费补贴的单一模式，构建“财政+金融”协同支持体系。设立国家级农业保险风险补偿基金，初始规模不低于500亿元，对因巨灾导致赔付率超过150%的保险机构给予40%—60%的损失分担；推行政策性贷款贴息制度，对参保农户的设施升级、技术引进贷款给予3%—5%的利率补贴；创新“担保补贴+保险增信”组合工具，由政府性融资担保机构为参保主体提供信用增强服务，降低金融机构风险溢价。通过财政资金的杠杆撬动效应，引导社会资本以股权投资、供应链金融等方式参与农业风险管理。

（3）提升补贴资金配置效率

建立精准化补贴决策支持系统。整合农业气象、土壤墒情、市场行情等多源数据，构建风险地图与补贴需求模型，实现补贴额度与区域风险等级的智能匹配；开发补贴效益评估算法，通过机器学习动态优化补贴投向与比例；建立跨区域补贴调剂机制，允许省级财政在粮食主产县与非主产县之间进行20%的补贴额度调剂，增强资源配置灵活性。同时，推进农业保险补贴与绿色农业认证、碳汇交易等机制衔接，对获得绿色食品认证、实施碳减排技术的经营主体给予5%—10%的额外补贴激励。

(4) 构建社会化协同支持网络

通过政府购买服务激活市场专业力量。委托第三方机构开展农业保险精算研究、产品设计等专业技术服务；设立财政专项资金支持保险机构建设基层服务站点，每个站点给予50万—100万元的标准化建设补贴；建立农业风险管理培训体系，对新型职业农民、合作社管理人员开展系统性风险教育，财政按每人次500元标准补贴培训费用。同时，鼓励保险机构与科研院所共建技术创新联盟，对农业遥感、智能定损等关键技术研发项目给予30%的财政配套支持，加速科技成果转化应用。

9.2 重视金融创新能力

针对研究结果发现无论全域还是局域创新能力对二者耦合协调发展有显著促进作用。从传统金融水平来看，其总体效应与直接效应均通过了1%的显著性水平检验，说明传统金融促进农业保险与农业现代化的耦合发展，其中中西部地区传统金融的促进作用更强，创新能力较弱，说明对传统金融的依赖性更强，也从侧面说明金融体系不够完善，金融创新能力相对不足，而东部地区应充分发挥自身经济优势和创新能力。

9.2.1 鼓励保险产品与服务创新

(1) 构建激励相容的政策支持体系

建立“财税激励—监管包容—基础配套”三位一体的政策框架，系统性激发市场创新活力。在财税支持层面，对创新型农业保险产品研发实施阶梯式税收优惠：首年按研发费用200%加计扣除，后续三年按120%执行，同时对创新型险种保费收入免征增值税，形成“研发—推广—运营”全周期激励链。设立国家级农业金融创新风险补偿基金，初始规模不低于

100 亿元，对土地经营权抵押贷款、农产品期货期权等高风险业务的不良损失给予分层补偿，其中不良率 5%—8% 区间补偿 40%，8% 以上部分补偿 60%。监管层面，在农业主产区试点“监管沙盒”机制，允许机构突破现有信贷抵质押规则开展产品创新，设置 3 年观察期并建立动态退出评估标准。将涉农金融创新纳入金融机构综合评价体系，对涉农贷款增速超过 15% 的机构给予 0.5 个百分点的存款准备金率优惠，并在再贷款额度分配中优先倾斜。基础配套方面，加速农村产权确权登记数字化进程，2025 年前完成土地经营权、农业设施产权等 12 类资产的全国统一编码与区块链存证，构建跨区域、跨部门的农村资产交易平台，实现产权流转与金融服务的无缝对接。

（2）实施区域特色金融产品培育工程

建立“国家战略—区域集群—县域特色”三级创新体系，增强金融服务与农业场景的适配性。国家层面聚焦基础性产品突破，在草原牧区试点“碳汇质押 + 生态补偿”联动产品，开发基于卫星遥感监测的草地生产力指数保险，中央财政对首期产品提供 30% 保费补贴；在粮食主产区推广“完全成本保险 + 收入保险”双轨制，将保障水平提升至生产成本的 90%。区域层面推进产业集群定制化服务：东北寒地农业区重点开发“智能温室温度指数保险”，对采用物联网温控系统的设施农业项目，提供 LPR 基准利率下浮 50 个基点的专项贷款；西南山地农业区创设“中药材价格波动保险”，建立涵盖种植周期、市场供需的多因子定价模型，省级财政按保费的 40% 给予补贴。县域层面推行“一县一策”精准服务模式，依托地方特色产业设计差异化产品，对获得地理标志认证的农产品开发“品质保险 + 品牌价值险”，将气候异常、市场波动等风险纳入复合保障范围。

（3）深化全产业链风控服务模式

推动保险服务向农业生产全链条渗透，构建覆盖“产前—产中—产后”的立体化风控体系。产前环节创新“农资信用 + 质量责任”组合产品，为种子、化肥等投入品供应商提供质量保证保险，同步推出农资赊销信用保险，降低供应链违约风险。产中环节强化生产过程风险管控，开发

“气象指数+生物特征识别”新型险种，利用物联网传感器实时监测作物长势与环境参数，实现灾害预警与自动理赔触发。产后环节拓展“保险+金融工具”融合服务，在农产品流通领域推广“价格保险+期货对冲”模式，引入收入保险与仓单质押贷款联动机制，帮助经营主体锁定收益并盘活库存资产。配套建立跨部门协同机制，由农业农村部牵头整合保险、期货、信贷资源，设立农业产业链风险缓释基金，对创新产品的系统性风险给予限额兜底。

（4）优化科技赋能与基础设施

加速金融科技在农业保险领域的深度应用，构建“空天地”一体化的智能服务体系。推广卫星遥感技术用于承保标的核查与灾害损失评估，建立分辨率优于1米的全国农业风险地图，实现灾后72小时内完成定损理赔。部署区块链技术优化业务流程，将保单签订、保费支付、理赔确认等环节上链存证，确保数据不可篡改与全流程追溯。开发人工智能精算平台，整合历史灾害数据、生产周期、市场行情等200余项参数，动态优化保险费率与风险准备金计提比例。同时，加强基层服务网点建设，对县域保险服务站给予每站50万元标准化建设补贴，配备移动查勘终端与远程培训系统，提升“最后一公里”服务能力。

9.2.2 加强人才培养与技术支持

（1）构建专业化人才培养体系

建立“高等教育—职业培训—实践基地”三级人才培养机制，破解农业金融复合型人才短缺瓶颈。在高等教育层面，推动涉农高校设立“农业保险与风险管理”交叉学科，开设精算建模、农村金融科技、农产品期货等核心课程，每年定向培养5000名大学本科及以上专业人才。职业培训方面，依托国家农业信贷担保体系建立省级培训中心，开发涵盖产品设计、风险定价、数字营销的标准化课程包，对金融机构从业人员实施每年40学时的强制培训。实践基地建设上，在农业现代化示范区设立10个国家级实训基地，组织学员参与创新产品研发与田间风控实践，强化理论与场景的深度融合。配套实施“金融人才下乡”工程，对赴县域以下机构任职的金融专业毕业生，给予3年内每年2万元的特殊岗位津贴。

（2）强化金融科技应用生态

推动大数据、人工智能、区块链等技术与农业金融的深度融合，构建智能化的创新支撑平台。建立全国农业经营主体信用信息数据库，整合土地确权数据、保险理赔记录、生产交易信息等30个维度的数据资源，开发基于机器学习的信用评分模型，将新型经营主体信贷审批效率提升60%。在风险定价领域，构建多因子动态精算系统，实时接入气象、土壤、市场等外部数据流，实现保险费率的按日动态调整。区块链技术重点应用于供应链金融场景，建立从农业生产、加工到销售的全程溯源链，为存货融资、应收账款保理提供可信数据支撑。

（3）设立农业金融科技创新实验室

每年投入5亿元支持智能合约、遥感定损等关键技术攻关，对取得重大突破的项目团队给予最高1000万元的成果转化奖励。然后，完善产学研协同创新机制。建立“政府引导—企业主体—科研支撑”的协同创新网络，加速科技成果向现实生产力转化。由政府牵头组建农业金融创新联盟，吸纳保险机构、科技企业、科研院所等200家核心成员，围绕精准承保、智能理赔、风险预警等方向开展联合攻关。实施“揭榜挂帅”制度，每年发布10项农业金融领域“卡脖子”技术清单，对攻克关键难题的团队给予研发费用50%的后补助支持。推动金融机构与农业大学共建技术转化中心，重点突破农业生物资产估值、气候衍生品设计等应用难题，形成“需求牵引—技术研发—产品落地”的闭环链条。同时，建立创新成果共享池，通过专利开放许可机制降低中小机构技术应用成本，促进全行业能力均衡提升。最后，优化创新政策环境与保障体系。构建包容审慎的监管框架与长效激励机制，为金融创新提供制度保障。建立农业金融创新容错机制，对探索性业务设置3年观察期，期间免除因创新引发的非重大合规性处罚。完善知识产权保护体系，对农业保险产品设计、风险模型等软性成果给予专利快速审查通道，维权周期缩短至6个月内。设立年度农业金融创新奖项，对具有显著社会效益的产品与服务给予最高500万元奖励，并纳入政府采购优先目录。同时，加强国际交流合作，每年选派100名骨干人才赴农业金融发达国家研修，引入气候智能型保险、数字普惠金融等先进模式，通过本土化改造形成可复制推广的创新范式。

9.3 推动数字化技术与农业深度融合

当前数字技术与农业的融合效能尚未充分释放，其深层矛盾源于技术应用场景与产业需求的适配性不足、数字基础设施的区域分布失衡以及协同创新机制缺位。因此，亟须构建覆盖技术研发、应用推广、制度保障的全链条，重点破解数字技术嵌入农业系统的“最后一公里”障碍。应加速建设农业数字新基建，推进5G网络、物联网感知设备、农业数据中心等基础设施的均衡布局，形成支撑全域联动的数字底座。同步完善数字技术应用标准体系，建立涵盖数据采集、传输、分析、应用的全流程规范，打通技术应用堵点。通过建立跨部门数字农业协同创新中心，统筹整合技术供给方与需求方的创新资源，重点突破农业大数据建模、智能决策算法等关键共性技术，形成适配农业复杂场景的数字化解决方案。着力培育数字化服务主体，构建“技术研发—场景验证—规模推广”的螺旋式发展模式，推动数字技术深度渗透至农业生产、经营、管理的全生命周期，实现技术赋能向价值创造的实质性跃迁。

9.3.1 利用数字技术赋能农业保险

数字技术重构农业保险服务体系的关键在于构建全域感知、智能决策、数据治理、动态优化的新型风险治理框架。

（1）构建全域感知的风险治理框架

重塑农业保险服务体系的核心在于建立“天—空—地”协同的立体化监测网络。整合卫星遥感、无人机航拍与地面物联网传感设备，形成多尺度、多模态的数据采集体系，实现作物长势动态监测与灾害损失精准评估。部署高分辨率气象卫星与微型气象站联动系统，对干旱、洪涝等灾害实现提前 72 小时预警，定位精度达到田块级。开发多源数据融合算法，将可见光、热红外与雷达遥感数据转化为标准化风险指标，构建覆盖作物全生命周期的数字风险档案。通过区块链技术建立分布式数据共享平台，打通气象、土壤、保险、市场等部门数据壁垒，形成跨域可信的数据交换机制。

（2）创新智能化的精算与服务体系

基于海量风险数据构建机器学习精算模型，突破传统保险定价的静态局限。利用时间序列分析捕捉气候变化长期趋势，结合卷积神经网络识别区域风险特征，实现保险费率的动态差异化定价。开发智能合约驱动的自动化理赔系统，当传感器监测数据触发预设阈值时，自动启动核损程序并完成赔付资金划转，将传统理赔周期从 15 天压缩至 48 小时内。构建数字孪生风险模拟平台，对种植方案、防灾措施进行虚拟推演，输出最优风险管理策略。建立保险服务机构与新型经营主体的数字化直连通道，通过移动终端提供个性化产品定制、风险预警与防灾指导服务。然后，强化数据治理与安全保障。建立农业保险数据分类分级标准，明确气象数据、地块信息、生产记录等核心数据的权属关系与使用边界。制定数据采集、传输、存储的全流程安全规范，采用同态加密技术保障敏感信息隐私。构建全国统一的农业风险数据中台，实现跨区域、跨系统的数据资源标准化接入与治理。设立数据质量评估体系，对数据完整性、时效性、准确性进行动态监测与校正。建立数据资产交易机制，通过通证化设计实现数据要素的市场化流通，激发多元主体参与数据价值创造的积极性。

（3）完善技术应用支撑体系

组建农业保险科技创新联盟，整合保险机构、科研院所与技术企业的研发资源，重点突破遥感定损、生物特征识别等关键技术。建设国家级数字农业保险实验室，开展智能装备、算法模型的前沿研究。实施数字技术应用示范工程，在粮食主产区建设20个智慧保险示范基地，形成可复制推广的标准化解决方案。加强基层服务网点数字化改造，配备移动查勘终端与智能辅助决策系统，提升一线服务人员的科技应用能力。建立数字技术应用培训体系，对50万保险从业人员开展智能设备操作、数据分析等专项技能轮训。

9.3.2 利用数字技术赋能农业产业

（1）重构智能化的生产决策体系

构建“边缘计算—云端协同”的智能生产中枢，实现农业资源的最优配置。部署田间物联网传感网络，实时采集土壤温湿度、作物生理指标等200余项参数，通过边缘计算设备进行本地化数据处理，生成精准施肥、灌溉等农事操作指令。搭建农业知识图谱系统，整合品种特性、栽培技术等结构化知识库，结合实时环境数据为生产决策提供智能推荐。开发自主作业农业机器人集群，集成视觉识别、路径规划与机械控制技术，实现播种、除草、采摘等环节的全流程自动化。建设数字植物工厂，通过光温湿气智能调控系统，将单位面积产量提升至传统种植的10倍以上。

（2）打造数字化的供应链生态

构建基于区块链的农产品质量追溯体系，实现从田间到餐桌的全链条可信溯源。采用射频识别技术与分布式账本结合，记录生产加工、仓储物流等各环节数据，确保信息不可篡改与全程可验证。建立智能合约驱动的供应链金融平台，将溯源数据转化为信用资产，为上下游企业提供自动化授信与结算服务。创新农产品电商服务体系，运用虚拟现实技术构建三维产品展示空间，消费者可通过沉浸式体验获取产地环境、生产过程等深度信息。开发需求预测算法模型，整合消费大数据与生产计划数据，指导基地实施订单化生产与弹性供应。

（3）培育融合发展的数字业态

建设农业数字要素聚合平台，促进生产数据与金融、物流等服务的深度耦合。开发农业生产能力数字化评估系统，将土地产出率、资源利用率等指标转化为可交易的数字资产。创新农业众创空间运营模式，为小微经营主体提供云端协同设计、虚拟试验验证等数字化创业服务。发展数字农旅融合业态，通过增强现实技术还原农耕文化场景，构建线上线下联动的体验式消费生态。建立农业产业数字孪生系统，模拟不同政策情境下的产业发展路径，为产能布局优化提供决策支持。

（4）突破关键核心技术瓶颈

实施农业数字技术攻关专项，重点突破自主可控的智能装备与系统。研发适应复杂地形的农业机器人运动控制算法，定位精度达到厘米级；开发多模态融合的作物表型分析系统，实现病虫害智能诊断准确率超过95%；构建超大规模农业知识计算引擎，处理能力达到每秒千万级数据节点。建设数字农业开源创新社区，共享核心算法模块与开发工具包，降低中小企业的技术应用门槛。建立数字技术适配性评价体系，针对不同区域、作物类型制定差异化的技术导入方案。

（5）构建协同发展的制度环境

完善数字农业标准体系，制定数据接口、设备兼容、安全认证等关键技术标准。建立数字技术应用效益评估机制，设置资源节约率、产能提升率等量化考核指标。创新数字资产产权制度，明确数据要素的收益分配规则与交易流通机制。实施数字新基建均衡布局计划，优先在乡村振兴重点县建设5G基站、算力中心等基础设施。设立数字农业创新发展基金，对关键技术研发给予最高50%的经费补助。建立跨部门协同推进机制，统筹农业、工信、科技等领域的政策资源，形成数字化转型的系统合力。

9.4　完善大灾风险机制

从全国范围来看，自然灾害情况对农业保险和农业现代化耦合协调发展具有显著的促进作用，其影响系数为 0.045。在地理加权回归（GTWR）模型中，通过对各省份年度影响因素回归系数的系统梳理发现，自然灾害情况在研究前期对二者的耦合协调作用产生一定的抑制作用，而在研究后期则转变为促进作用，并且影响系数逐渐增大，促进效果日益增强。这些现象表明，随着社会经济的不断发展和进步，农业经营主体防范风险的意识在持续提高，政府也通过政策补贴等多种方式充分发挥农业保险在分散风险方面的关键作用。在发生自然灾害风险时，这些措施能够帮助农业经营主体迅速恢复生产，最大限度地减少经济损失。然而，在局域影响因素的深入探究中发现，自然灾害情况对中部地区的耦合协调发展产生了负面的影响。这是由于中部地区自然灾害频发，每年都有大量的自然灾害事件发生，而该地区又缺乏合理的灾害风险共担机制。因此，中部地区更需要加快完善农业保险大灾风险分散制度，以期促使农业保险更好地服务于农业现代化的进程。

9.4.1 优化农业保险大灾风险分散机制的政策环境

（1）构建分类精准的财政补贴体系

建立“风险分级—区域差异—险种特性”三维补贴模型，提升财政资金配置效率。依据区域灾害发生频率与经济损失强度划分风险等级，将全国划分为高、中、低三类风险区，中央财政补贴比例分别设定为 60%、50%、40%，省级财政按 1∶0.5 比例配套。针对水稻、小麦等主粮作物实施全额保费补贴，对设施农业、特色农产品保险增设 20% 的专项补贴。开发补贴动态调整算法，整合历史赔付数据、气候变化趋势与经济承受能力指标，实现补贴比例的年度浮动调节。建立补贴资金绩效审计制度，将保险覆盖率、赔付时效、农户满意度纳入考核体系，对连续三年绩效评级为优的地区给予 10% 的额外奖励性补贴。

（2）完善法律框架与监管体系

加快农业保险法立法进程，明确巨灾风险分散机制的法律地位与运行规则。在法律层面界定政府、保险机构、再保险市场、农户四方的权责关系，规定巨灾准备金的计提比例、使用范围与补充机制。强化偿付能力监管，建立基于风险资本的动态监管模型，要求保险机构将巨灾风险暴露纳入偿付能力充足率计算，对未达标的机构实施业务限制与资本补充要求。推行跨期风险平滑机制，允许保险机构将丰年盈余的30%转入巨灾风险池，用于弥补灾年超额损失，实现风险责任的代际分摊。建立全国农业保险数据共享平台，强制接入保险机构的承保、理赔与准备金数据，实现穿透式监管。

（3）深化风险教育与生态培育

构建“政府引导—机构参与—社区渗透”的多层次宣教体系。开发标准化培训课程，涵盖灾害预防、保险理赔、灾后恢复等模块，对新型经营主体实施年度强制培训。设立农业保险宣传教育专项基金，按保费收入的1%计提，用于制作多语种科普材料、开展田间示范教学。建立“保险联络员”制度，在每个行政村配备专职或兼职保险顾问，提供政策解读与投保协助服务。推动风险教育纳入国民教育体系，在涉农院校开设农业风险管理必修课程，培养专业化人才队伍。通过数字化手段扩大宣教覆盖面，开发移动端风险模拟应用程序，农户可直观体验不同风险管理策略的经济效应。

9.4.2　建立健全大灾风险准备金制度

（1）科学设定计提标准与模式

建立“基础计提＋风险加成”的双层准备金模型。基础计提部分要求保险机构按保费收入的8%—12%提取巨灾准备金，具体比例根据区域风险等级浮动：高风险区执行12%，中风险区10%，低风险区8%。风险加成部分引入动态调整因子，综合考虑险种损失波动率、历史赔付偏差度、气候变化敏感度三项指标，每年由监管部门核定加成系数（0.5—1.5倍）。对中部等高灾害暴露区域，额外增设区域风险附加计提，标准为保费收入的 3%。实施差异化会计处理政策，允许准备金计提金额的 150% 税前扣除，增强保险机构计提积极性。建立跨周期平滑机制，要求将超过年度赔付率 200% 的异常损失从准备金池中分摊至未来 5 个会计年度。

（2）强化资金全流程管控机制

设立独立的大灾风险准备金托管账户，实行“收支两条线”封闭管理。资金存入指定商业银行的专项账户，投资范围限定于国债、政策性金融债等 AAA 级固定收益产品，收益率低于市场平均的部分由财政贴补。建立准备金动用触发标准：当区域灾害损失超过历史 10 年平均值 2 倍，或单一事件导致行业赔付率超过 150% 时，可申请使用准备金。开发智能监管系统，对接保险机构财务数据与灾害预警信息，实时监控准备金充足率与使用合规性。实施年度压力测试，模拟百年一遇巨灾情景下的准备金覆盖能力，对缺口超过 20% 的机构启动资本补充预案。

（3）构建动态优化调整体系

建立准备金参数定期修订机制，每 3 年组织气象、农业、保险领域专家评估风险变化趋势，调整区域风险等级划分与计提比例。引入机器学习算法构建风险预测模型，整合厄尔尼诺指数、土壤湿度、作物抗逆性等 100 余项参数，动态测算未来 5 年巨灾发生概率与损失强度，据此优化准备金规模。建立跨区域风险平衡基金，允许省级行政区将年度准备金结余的 30% 上缴至中央统筹池，用于支援特大灾害发生地的损失补偿。完善信息公开制度，按季度发布准备金规模、投资运作与使用情况，接受社会监督。

9.4.3 增加风险分散方式的多样性

（1）重构多层次再保险体系

培育专业化农业再保险主体，设立国家农业再保险公司，初始资本金不低于 500 亿元，承担行业超赔损失的最后再保险人角色。建立再保险分层分担机制：直保公司自留风险限额为资本金的 150%，初级再保险层由商业再保公司承担200%—500%的损失，超赔层由国家再保公司与巨灾债券市场共同覆盖。开发气象指数再保险产品，将再保险赔付触发条件与区域降雨量、积温等客观指标绑定，降低道德风险。加强国际再保险合作，通过离岸分保将国内风险的30%转移至全球市场，参与国际巨灾保险联盟的共保体计划，获取风险分散与技术转移双重收益。

（2）创新“保险+”风险对冲模式

深化“保险+期货”联动机制，构建“价格保险—期权对冲—场外衍生品”三级市场体系。对大豆、玉米等大宗农产品，推行收入保险与期货套保的组合产品，财政补贴期权购买费用的50%。发展天气衍生品市场，推出干旱指数期权、霜冻远期合约等工具，允许保险机构通过衍生交易对冲赔付风险。拓展“保险+信贷”应用场景，将保单质押贷款额度提升至保额的80%，对利用保单增信的农业项目基准利率下浮50个基点。试点“保险+碳汇”复合产品，将灾害损失补偿与碳汇增量交易挂钩，农户可通过生态保护行为获取额外收益。

（3）建设风险证券化市场

推进巨灾风险债券发行试点，设计分层证券化产品：优先级债券面向稳健型投资者，收益率挂钩国债利率；次级层面向风险偏好型资本，提供浮动收益+超额损失补偿。建立农业灾害风险证券化交易平台，实现巨灾债券、保险连结证券的标准化发行与流通。开发气候风险互换产品，允许不同区域保险机构交换灾害风险敞口，优化风险组合分布。设立证券化产品增信基金，对首次发行的农业巨灾债券提供20%的本金担保，降低市场进入门槛。加强投资者教育，培育养老基金、主权财富基金等长期资本参与市场，提升流动性支撑能力。

9.5 加强区域协同作用

农业保险与农业现代化耦合协调发展的空间关联性揭示了区域间发展

水平的分化与联动潜力，需要通过系统性制度创新重构区域协同发展的。在理论层面，应深化空间经济学与制度变迁理论的交叉研究，精准识别技术扩散、资本流动、政策干预等要素的跨区域传导路径，构建兼顾效率与公平的空间协同理论框架。在实践层面，需要突破行政区划的约束，依托流域经济带、城市群产业链等地理、经济单元，搭建多层级、网络化的协同治理架构。政府应统筹编制区域协同发展专项规划，依据资源禀赋、产业基础、风险特征的梯度差异，设计差异化的政策工具包，重点优化跨区域利益分配机制与生态补偿制度，推动基础设施互联互通、要素市场统一开放、公共服务共建共享。通过建立区域协同发展指数评估体系，动态监测协同效能，培育以制度创新驱动空间均衡、以示范引领带动全域跃升的发展模式，逐步构建起跨行政边界的农业现代化融合发展新格局。

9.5.1 重视科技交流与成果转化

（1）构建开放式创新生态系统

破解农业科技创新要素的空间配置梗阻，需要建立覆盖基础研究、技术开发、产业应用的全链条协同体系。整合跨区域农业科研资源，建设云端共享的数字化创新平台，汇聚种质资源数据库、专利技术图谱、专家智库网络等核心要素，形成分布式创新资源中枢。构建“需求牵引—联合攻关—场景验证”的垂直协同机制，设立跨省域农业科技攻关专项基金，重点支持生物育种、智能装备、绿色防控等关键领域联合研发。建立科研成果确权与收益分配规则，允许科研团队跨区域组建创新联合体，按贡献比例分享知识产权收益。开发技术转移价值评估模型，量化科技成果的经济效益与生态价值，为跨区域交易提供定价基准。

（2）完善市场化激励机制

设计梯度化税收优惠政策，对跨区域技术转让收入实施差异化税率：省内转移减免30%所得税，跨省转移减免50%，跨国转移减免70%。推行弹性化知识产权管理制度，允许科研院所将专利使用权作价入股异地企业，持股比例最高可达40%。设计风险共担的科技信贷产品，对跨区域技术转化项目提供基准利率下浮100个基点的贷款支持，财政对不良率5%以内的损失给予50%补偿。建立技术经纪人认证体系，培育专业化技术转移人才队伍，对其促成交易按技术合同金额的3%给予奖励。建设区域性中试基地网络，提供标准化试验场地、检测设备与数据服务，降低科技成果的产业化风险。

（3）深化产学研用协同机制

推动科研机构、龙头企业、新型经营主体组建创新联盟，构建“实验室—试验田—大田生产”的三级验证体系。建立需求导向的科研立项机制，由农业经营主体提出技术痛点，联盟成员联合申报攻关项目。开发开放式协同研发平台，支持多方在线共享实验数据、模拟测试环境与专家咨询资源。实施“揭榜挂帅”制度，定期发布跨区域技术需求清单，对攻克关键难题的团队给予研发投入200%的后补助支持。建设农业科技应用场景库，开放智慧农场、数字加工园区等实体场景供技术验证，加速创新成果的产业化渗透。构建技术扩散效果追踪系统，通过区块链记录技术应用的全周期数据，动态评估创新成果的经济社会效益。

9.5.2 建立风险共担合作机制

（1）构建制度化协作框架

将地理邻近性转化为发展协同性的核心在于建立权责对等、风险共担的治理体系。制订跨区域产业协作章程，明确产业转移的成本分摊规则与收益分配公式：按资源投入比例（土地占30%、资本占40%、技术占30%）分配税收分成，设立跨行政区联合预算账户管理协作资金。建立风险补偿基金池，初始规模不低于100亿元，由参与地区按GDP比例出资，用于对冲产业协作中的市场波动与政策风险。开发协作项目风险评估模型，整合经济周期、气候条件、政策稳定性等20项参数，为项目决策提供量化支撑。设立区域协作仲裁委员会，制定统一的争议解决规则与赔偿标准，保障协作关系的稳定性。

（2）推进产业链深度整合

在东西部协作中构建“研发—生产—流通”的垂直分工体系。东部地区聚焦技术研发与品牌运营，建设数字农业创新中心与电商服务平台；西部地区强化资源转化与初级加工，打造标准化原料供应基地。共建跨区域产业融合示范区，推动农产品精深加工、生物制造等产业形成集群化布局。创新“飞地经济”合作模式，输出地提供资本与技术，承接地供给土地与劳动力，税收收益按 7∶3 比例分成。联合培育区域公用品牌，建立品质标准统一、溯源体系互认、营销渠道共享的运营机制。设立产业协作发展指数，从要素流动强度、技术溢出效应、生态协同水平等维度量化评估协作成效。

（3）创新生态价值实现机制

建立跨区域环境成本核算体系，量化流域上下游的生态保护贡献与污染排放责任。开发水权、碳汇、绿证等生态产品交易平台，允许生态受益地区向保护地区购买环境权益。推行“生态保护—产业补偿”联动机制，对限制开发的生态功能区，由受益地区按年度支付相当于其地区生产总值1%的横向补偿资金。建设区域性碳汇交易市场，将农业固碳、林业增汇等行为转化为可交易资产，探索“碳汇保险＋期货”的金融化路径。建立生态协同发展基金，对跨区域生态治理项目给予50%的贴息贷款支持，推动经济发展与环境保护的共生共赢。

参考文献

［1］曹俊杰．新中国成立70年农业现代化理论政策和实践的演变［J］．中州学刊，2019（07）：38－45．

［2］曹卫芳．农业保险与农业现代化的互动机制分析［J］．宏观经济研究，2013（03）：106－111．

［3］陈俊聪，王怀明，张瑾．农业保险发展与中国农业全要素生产率增长研究［J］．农村经济，2016（03）：83－88．

［4］程文明．农业保险对农业机械化综合水平的影响——基于2008—2017年省级面板数据的实证［J］．技术经济与管理研究，2020（09）：82－86．

［5］邸菲，胡志全．我国农业现代化评价指标体系的构建与应用［J］．中国农业资源与区划，2020，41（06）：46－56．

［6］杜志雄．农业农村现代化：内涵辨析、问题挑战与实现路径［J］．南京农业大学学报（社会科学版），2021，21（05）：1－10．

［7］杜志雄，肖卫东．中国“兴”字型农业现代化的演化与趋势［M］．北京：中国社会科学出版社，2019：2－4．

［8］段应元，杨汭华，龙文军．农业保险服务农业现代化的挑战与对策研究［J］．农业现代化研究，2024，45（03）：422－433．

［9］方建武，秦思奇．乡村振兴背景下我国农业保险与农业现代化耦合协调关系测度［J］．现代农业研究，2023，29（02）：1－8．

［10］冯文丽，苏晓鹏．我国农业保险高质量发展的实现路径［J］．中国保险，2020（01）：18－23．

[11] 富丽莎，汪三贵，秦涛．农业保险的增收效应及其作用机制［J］．中国人口·资源与环境，2022（12）：153－160．

[12] 郭军，谭思，孔祥智．农户农业保险排斥的区域差异：供给不足还是需求不足——基于北方6省12县种植业保险的调研［J］．农业技术经济，2019，286（02）：85－98．

[13] 韩士元．农业现代化的内涵及评价标准［J］．天津社会科学，1999（05）：68－70．

[14] 黄静，余国新，胡殿毅．农业现代化与农业保险耦合协调发展研究——以新疆为例［J］．农业现代化研究，2019，40（02）：197－205．

[15] 江世银，曹嘉宝．数字普惠金融对乡村振兴的影响及其机制研究［J］．贵州大学学报（社会科学版），2022，40（06）：47－60．

[16] 姜长云．中国农业发展的问题、趋势与加快农业发展方式转变的方向［J］．江淮论坛，2015（05）：26－35．

[17] 蒋和平，崔凯．我国粮食主产区农业现代化指标体系的构建和测算及发展水平评价［J］．农业现代化研究，2011，32（06）：646－651．

[18] 蒋永穆．基于社会主要矛盾变化的乡村振兴战略：内涵及路径［J］．社会科学辑刊，2018（02）：15－21．

[19] 兰虹，赵佳伟，于代松．乡村振兴战略背景下农业保险发展对策研究——以四川省为例［J］．西南金融，2020（05）：64－77．

[20] 李宝礼，孙政．长三角地区农业保险与农业现代化耦合协调研究［J］．云南农业大学学报（社会科学版），2025，19（02）：76－83．

[21] 李健．数字技术赋能乡村振兴的内在机理与政策创新［J］．经济体制改革，2022（03）：77－83．

[22] 李京，曹武军．农业保险供给侧改革与农业现代化协调度研究［J］．江苏农业科学，2019，47（13）：15－19．

[23] 李琴英，陈芮格．农业保险高质量发展水平评价指标体系构建与测度——以13个粮食生产核心区为例［J］．金融理论与实践，2021（05）：12－19．

［24］刘承良，管明明．基于专利转移网络视角的长三角城市群城际技术流动的时空演化［J］．地理研究，2018，37（05）：981－994．

［25］刘敏，白塔．我国农业现代化“短板”之辩［J］．西北师大学报（社会科学版），2017（03）：14－23．

［26］刘耀彬，李仁东，宋学锋．中国城市化与生态环境耦合度分析［J］．自然资源学报，2005（01）：105－112．

［27］芦千文．现代农业经营体系：国际比较、中国色与道路选择［J］．世界农业，2024（10）：5．

［28］牛浩，陈盛伟．政策性农业保险实现“真赔”了吗——基于全国2011－2018年的省级面板数据［J］．农业经济问题，2022（10）：112－122．

［29］农业农村部规划设计研究院课题组，张辉．中国特色农业农村现代化的历史方位与发展战略［J］．当代经济管理，2024，46（04）：54－62．

［30］裴光．农业保险助力乡村振兴［J］．中国金融，2020（13）：66－68．

［31］钱丽，陈忠卫，肖仁桥．中国区域工业化、城镇化与农业现代化耦合协调度及其影响因素研究［J］．经济问题探索，2012（11）：10－17．

［32］钱文彬，王珍．湖南省农业保险需求影响因素实证研究［J］．湖南科技学院学报，2022，43（03）：66－71．

［33］任天驰，杨汭华．小农户衔接现代农业生产：农业保险的要素配置作用——来自第三次全国农业普查的微观证据［J］．财经科学，2020（07）：41－53．

［34］宋丽智，韩晓生，王研．我国农业保险发展影响因素研究——基于地区面板数据的实证分析［J］．宏观经济研究，2016（11）：122－130．

［35］苏艺．发展农业新质生产力的逻辑基点、内涵阐释与着力重点［J］．农村经济，2024（05）：1．

［36］谭燕芝，李云仲，叶程芳．省域数字普惠金融与乡村振兴评价

及其耦合协同分析［J］. 经济地理，2021，41（12）：187－195＋222.

［37］唐勇，吕太升. 农业信贷、农业保险与农业全要素生产率增长——基于交互效应视角［J］. 哈尔滨商业大学学报（社会科学版），2021（03）：116－128.

［38］田野，黄进，安敏. 乡村振兴战略下农业现代化发展效率评价——基于超效率DEA与综合熵值法的联合分析［J］. 农业经济问题，2021（03）：100－113.

［39］庹国柱、李军. 我国农业保险试验的成就、矛盾及出路［J］. 金融研究，2003（09）：88－98.

［40］庹国柱. 论农业保险市场的有限竞争［J］. 保险研究，2017（02）：11－16.

［41］万家佩，涂人猛. 试论区域发展的空间结构理论［J］. 江汉论坛，1992，（11）：19－24.

［42］王春光. 迈向共同富裕——农业农村现代化实践行动和路径的社会学思考［J］. 社会学研究，2021，36（02）：29－45＋226.

［43］王菲. 农业保险与农业现代化的耦合协调发展研究——以山东省为例［J］. 上海保险，2024（06）：57－62.

［44］王韧，陈嘉婧. 农业保险助力乡村振兴的成就、问题与路径［J］. 中国保险，2022（02）：24－27.

［45］王淑佳，孔伟，任亮，等. 国内耦合协调度模型的误区及修正［J］. 自然资源学报，2021，36（03）：793－810.

［46］王卫东，侯芳，李金秀. 区域农业保险有效供求现状与模式选择［J］. 金融发展研究，2008（09）：56－58＋61.

［47］王伟，孙雷. 区域创新系统与产业转型耦合协调度分析——以铜陵市为例［J］. 地理科学，2016，36（02）：204－212.

［48］王勇，李明颢. 中国农业农村现代化的发展水平测度与障碍因子识别［J］. 统计与信息论坛，2025，40（03）：14－29.

［49］魏丽，王莹. 供给侧改革中的农业保险［J］. 中国金融，2017

(10): 50 – 52.

[50] 文丰安. 乡村振兴战略与农业现代化治理融合发展: 价值、内容及展望 [J]. 西南大学学报 (社会科学版), 2020 (04): 38 – 46 + 193.

[51] 杨少垒. 我国农业现代化评价指标体系构建研究 [J]. 经济研究导刊, 2014 (17): 18 – 20 + 35.

[52] 杨艳文. 用好"保险 + 期货"新型农业保险工具提升合作社市场风险管理能力 [J]. 中国农民合作社, 2022 (08): 40 – 43.

[53] 叶满城, 李雪红. 中国式农业农村现代化一体推进——理论机制、协同发展水平及其驱动因子研究 [J]. 四川农业大学学报, 2025 (03): 1 – 16.

[54] 尹艳林. 切实推动高质量发展: 经验、要求与任务 [J]. 经济研究, 2023, 58 (08): 32 – 42.

[55] 岳琳琳, 刘翔. 农业保险需求影响因素分析——以山东省为例 [J]. 农村经济与科技, 2021, 32 (11): 110 – 112.

[56] 张红梅, 杨明媚. 湖北省农业保险需求影响因素的实证分析 [J]. 统计与决策, 2010 (09): 84 – 86.

[57] 张金鑫, 王红玲. 环境规制、农业技术创新与农业碳排放 [J]. 湖北大学学报 (哲学社会科学版), 2020, 47 (04): 147 – 156.

[58] 张启文, 王思怡, 刘畅. 长江经济带农业现代化与农业保险协调发展及影响因素研究 [J]. 长江流域资源与环境, 2024, 33 (03): 646 – 657.

[59] 张小允, 许世卫. 我国农业农村现代化评价指标体系研究 [J]. 农业现代化研究, 2022, 43 (05): 759 – 768.

[60] 张旭昆. 制度系统的关联性特征 [J]. 浙江社会科学, 2004 (03): 78 – 83.

[61] 张卓, 尹航, 褚志亮. 我国保险公司农业保险有效供给不足的效率视角解释—— 基于 DEA – 非期望产出模型 [J]. 辽宁大学学报 (哲

学社会科学版），2020，48（02）：41－50.

［62］赵景阳，郭艳红，米庆华．广义农业现代化的内涵与评价研究——以山东省为例［J］．农业现代化研究，2007（01）：28－31＋46.

［63］赵文举，张曾莲．中国经济双循环耦合协调度分布动态、空间差异及收敛性研究［J］．数量经济技术经济研究，2022，39（02）：23－42.

［64］郑伟，贾若，景鹏，刘子宁．保险扶贫项目的评估框架及应用——基于两个调研案例的分析［J］．保险研究，2018（8）：13－20.

［65］中国保险监督管理委员会山东监管局课题组．区域保险市场发展水平评价指数构建——以山东保险强省建设评价指标体系为例［J］．金融理论与实践，2014（08）：93－97.

［66］周爱玲．农业保险何以助力乡村振兴［J］．人民论坛，2018（33）：82－83.

［67］朱道华．略论农业现代化、农村现代化和农民现代化［J］．沈阳农业大学学报（社会科学版），2002（03）：178－181＋237－238.

［68］邹新阳，温涛．普惠金融、社会绩效与乡村振兴——基于30省（区、市）的面板数据［J］．改革，2021（04）：95－106.

［69］Achim walter. How will digitalization change agriculture［J］. Forum Issue，2016（02）：28－30.

［70］Akinrinola O，Okunola A M. Evaluation of effects of agricultural insurance scheme on agricultural prod uction in ondo state［J］. Russian Journal of Agricultural and Socio－Economic Sciences，2014，28（04）：3－8.

［71］Barry Goodwin，Vincent H. Smith. What harm Is done by subsidizing crop insurance?［J］. American Journal of Agricultural Economics，2013（01）：489－497.

［72］Bezak P，Mitchley J. Drivers of change in mountain farming in Slovakia：from socialist collectivisation to the common agricultural policy［J］. Regional Environmental Change，2014（14）：1343－1356.

[73] Dercon Stefan, Luc Christiaensen. Consumption risk, technology adoption and poverty traps: evidence from ethiopia [J]. Journal of Development Economics, 2011, 96 (02): 141 - 166.

[74] Diederen P. Modernization in agriculture: what makes a fanner adopt an innovation [J]. International Journal of Agricultural Resources, Governance and Ecology, 2003 (02): 328 - 342.

[75] Freudenreich H, Mu Bhoff O. Insurance for technology adoption: an experimental evaluation of schemes and subsidies with maize farmers in mexic [J]. Journal of Agricultural Economics, 2018, 69 (01): 96 - 120.

[76] Glauber J, Helmberger P, Miranda M, Four approaches to commodity market stabilization: a comparative analysis [J]. American Journal of Agricultural Economics, 1989, 71 (02): 326 - 337.

[77] Glauber J W, Keith J, Collins. Crop insurance, disaster assistance, and the mole of the federal government in providing catastrophic risk protection [J]. Agricultural Finance Review, 2013, 62 (02): 81 - 101.

[78] Goodwin Barry K. Problems with market insurance in agriculture [J]. American Journal of Agriculture Economics, 2001 (03): 643 - 649.

[79] Haran Bulut. U. S farmers' insurance choices under expected utility theory and cumulative prospect theory [J]. Agricultural and Applied Economics Association, 2016 (02): 32 - 63.

[80] Harwood J, Heifner R, Coble K, et al. Managing risk in farming: Concepts, research, and analysis [J]. Agricultural Economic Report, 1999 (774): 130.

[81] Hatch D. Agricultural Insurance: a powerful tool for governments and farmers [J]. Working Paper, 2008 (04): 22 - 32.

[82] Held J. The modernization of agriculture: rural transformation in hungary, 1848 - 1975 [M]. Columbia, Columbia University Press, 1980: 132.

[83] John. W. Mellor. Economics of Agriculture Development [M]. New York, Cornell University Press, 1988: 18.

[84] Joseph W. Glauber. Crop insurance reconsidered [J]. American Journal of Agricultural Economics, 2004, 86 (05): 1179 - 1195.

[85] Joseph W. Glauber, Keith J. Collins. Crop insurance, disaster assistance, and the role of the federal government in providing catastrophic risk protection [J]. Agricultural Finance Review, 2002, 62 (02): 81 - 101.

[86] Leblois A, Quirion P. Agricultural insurances based on meteorological indices: realizations, methods and research challenges [J]. Meteorological Applications, 2013, 20 (01): 1 - 9.

[87] Magdoff F. Ecological agriculture: principles, practices, and constraints [J]. Renewable Agriculture and Food Systems, 2007, 22 (02): 109 - 117.

[88] Marianne Lefebvre, Dimitre Nikolov, Sergio Gomez - y - Paloma, et al. Determinants of insurance adoption among Bulgarian farmer [J]. Agricultural Finance Review, 2014, 74 (03): 326 - 347.

[89] Mark. An Alternative perspective on agricultural policy [J]. American Journal of Agricultural Economics, 2003, 85 (02): 318 - 335.

[90] Matthew Ginder et al. Factors affecting crop insurance purchase decisions by farmers in northern Illinois [J]. Agricultural Finance Review, 2009, 69 (01): 113 - 125.

[91] Miranda M J, Glauber J W. Systemic risk, reinsurance, and the failure of crop insurance markets [J]. American Journal of Agricultural Economics, 1997, 79 (01): 206 - 215.

[92] Mittler R, Blumwald E. Genetic engineering for modern agriculture: challenges and perspectives [J]. Annual Review of Plant Biology, 2010 (61): 443 - 462.

[93] Müller, Birgit, Johnson L , Kreuer D . Maladaptive outcomes of

climate insurance in agriculture [J]. Global Environmental Change, 2017 (46): 23 - 33.

[94] N. Galluzzo. An analysis of rurality index in romanian countryside by a quantitative approach [J]. Trakia Journal of Sciences, 2018, 16 (02): 134 - 139.

[95] Petri Liesivaara, Sami Myyra. Willingness to pay for agricultural crop insurance in the northern EU [J]. Agricultural Finance Review, 2014, 74 (04): 539 - 554.

[96] Rabindra Ghi Mire, Dr. Prashant Ku Mar. Agricultural insurance products in Nepal: practice and prospects [J]. Social Science Research Network, 2014 (01): 1 - 17.

[97] Sarah Rotz, Emily Duncan, Matthew Small et al. The politics of digital agricultural technologies: a preliminary review [J]. Sociologia Ruralis, 2019 (04): 203 - 229.

[98] Schultz T W . Agricultural Economics. (Economics and the Social Sciences: Transforming Traditional Agriculture) [J]. Science, 1964, 144.

[99] Skees J R. Challenges for use of index - based weather insurance in lower income countries [J]. Agricultural Finance Review, 2008, 68 (01): 197 - 217.

[100] Stephanie Hussels, Damian Ward, Ralf Zurbruegg. Stimulating the demand for insurance [J]. Risk Management and Insurance Review, 2005, 8 (02): 257 - 278.

[101] Thiagu Rangannathan, Usha Ananthakumar, Hedging in presence of crop yield, crop revenue andrainfall insurance [J]. Journal of Quantitative Economics, 2017, 15 (01): 151 - 171.

[102] Weber J G, Key N, E O'Donoghue. Does federal crop insurance make environmental externalities from agriculture worse? [J]. Journal of the Association of Environmental and Resource Economists, 2016, 3 (03): 77 - 742.

[103] Wonho Chung. Analysis of social welfare effects of crop revenue insurance [J]. Journal of Rural Development/ Nongchon – Gyeongje, 2014, 37 (04): 75 –95.

附录1　农业保险条例（2016年修订）

（2012年11月12日中华人民共和国国务院令第629号公布
根据2016年2月6日《国务院关于修改部分行政法规的决定》修订）

第一章　总　　则

第一条　为了规范农业保险活动，保护农业保险活动当事人的合法权益，提高农业生产抗风险能力，促进农业保险事业健康发展，根据《中华人民共和国保险法》、《中华人民共和国农业法》等法律，制定本条例。

第二条　本条例所称农业保险，是指保险机构根据农业保险合同，对被保险人在种植业、林业、畜牧业和渔业生产中因保险标的遭受约定的自然灾害、意外事故、疫病、疾病等保险事故所造成的财产损失，承担赔偿保险金责任的保险活动。

本条例所称保险机构，是指保险公司以及依法设立的农业互助保险等保险组织。

第三条　国家支持发展多种形式的农业保险，健全政策性农业保险制度。

农业保险实行政府引导、市场运作、自主自愿和协同推进的原则。

省、自治区、直辖市人民政府可以确定适合本地区实际的农业保险经营模式。

任何单位和个人不得利用行政权力、职务或者职业便利以及其他方式强迫、限制农民或者农业生产经营组织参加农业保险。

第四条　国务院保险监督管理机构对农业保险业务实施监督管理。国务院财政、农业、林业、发展改革、税务、民政等有关部门按照各自的职责，负责农业保险推进、管理的相关工作。

财政、保险监督管理、国土资源、农业、林业、气象等有关部门、机构应当建立农业保险相关信息的共享机制。

第五条 县级以上地方人民政府统一领导、组织、协调本行政区域的农业保险工作，建立健全推进农业保险发展的工作机制。县级以上地方人民政府有关部门按照本级人民政府规定的职责，负责本行政区域农业保险推进、管理的相关工作。

第六条 国务院有关部门、机构和地方各级人民政府及其有关部门应当采取多种形式，加强对农业保险的宣传，提高农民和农业生产经营组织的保险意识，组织引导农民和农业生产经营组织积极参加农业保险。

第七条 农民或者农业生产经营组织投保的农业保险标的属于财政给予保险费补贴范围的，由财政部门按照规定给予保险费补贴，具体办法由国务院财政部门商国务院农业、林业主管部门和保险监督管理机构制定。

国家鼓励地方人民政府采取由地方财政给予保险费补贴等措施，支持发展农业保险。

第八条 国家建立财政支持的农业保险大灾风险分散机制，具体办法由国务院财政部门会同国务院有关部门制定。

国家鼓励地方人民政府建立地方财政支持的农业保险大灾风险分散机制。

第九条 保险机构经营农业保险业务依法享受税收优惠。

国家支持保险机构建立适应农业保险业务发展需要的基层服务体系。

国家鼓励金融机构对投保农业保险的农民和农业生产经营组织加大信贷支持力度。

第二章　农业保险合同

第十条 农业保险可以由农民、农业生产经营组织自行投保，也可以由农业生产经营组织、村民委员会等单位组织农民投保。

由农业生产经营组织、村民委员会等单位组织农民投保的，保险机构应当在订立农业保险合同时，制定投保清单，详细列明被保险人的投保信息，并由被保险人签字确认。保险机构应当将承保情况予以公示。

第十一条 在农业保险合同有效期内，合同当事人不得因保险标的的危险程度发生变化增加保险费或者解除农业保险合同。

第十二条 保险机构接到发生保险事故的通知后，应当及时进行现场查勘，会同被保险人核定保险标的的受损情况。由农业生产经营组织、村民委员会等单位组织农民投保的，保险机构应当将查勘定损结果予以公示。

保险机构按照农业保险合同约定，可以采取抽样方式或者其他方式核定保险标的的损失程度。采用抽样方式核定损失程度的，应当符合有关部门规定的抽样技术规范。

第十三条 法律、行政法规对受损的农业保险标的的处理有规定的，理赔时应当取得受损保险标的已依法处理的证据或者证明材料。

保险机构不得主张对受损的保险标的残余价值的权利，农业保险合同另有约定的除外。

第十四条 保险机构应当在与被保险人达成赔偿协议后10日内，将应赔偿的保险金支付给被保险人。农业保险合同对赔偿保险金的期限有约定的，保险机构应当按照约定履行赔偿保险金义务。

第十五条 保险机构应当按照农业保险合同约定，根据核定的保险标的的损失程度足额支付应赔偿的保险金。

任何单位和个人不得非法干预保险机构履行赔偿保险金的义务，不得限制被保险人取得保险金的权利。

农业生产经营组织、村民委员会等单位组织农民投保的，理赔清单应当由被保险人签字确认，保险机构应当将理赔结果予以公示。

第十六条 本条例对农业保险合同未作规定的，参照适用《中华人民共和国保险法》中保险合同的有关规定。

第三章 经营规则

第十七条 保险机构经营农业保险业务，应当符合下列条件：

（一）有完善的基层服务网络；

（二）有专门的农业保险经营部门并配备相应的专业人员；

（三）有完善的农业保险内控制度；

（四）有稳健的农业再保险和大灾风险安排以及风险应对预案；

（五）偿付能力符合国务院保险监督管理机构的规定；

（六）国务院保险监督管理机构规定的其他条件。

除保险机构外，任何单位和个人不得经营农业保险业务。

第十八条 保险机构经营农业保险业务，实行自主经营、自负盈亏。

保险机构经营农业保险业务，应当与其他保险业务分开管理，单独核算损益。

第十九条 保险机构应当公平、合理地拟订农业保险条款和保险费率。属于财政给予保险费补贴的险种的保险条款和保险费率，保险机构应当在充分听取省、自治区、直辖市人民政府财政、农业、林业部门和农民代表意见的基础上拟订。

农业保险条款和保险费率应当依法报保险监督管理机构审批或者备案。

第二十条 保险机构经营农业保险业务的准备金评估和偿付能力报告的编制，应当符合国务院保险监督管理机构的规定。

农业保险业务的财务管理和会计核算需要采取特殊原则和方法的，由国务院财政部门制定具体办法。

第二十一条 保险机构可以委托基层农业技术推广等机构协助办理农业保险业务。保险机构应当与被委托协助办理农业保险业务的机构签订书面合同，明确双方权利义务，约定费用支付，并对协助办理农业保险业务的机构进行业务指导。

第二十二条 保险机构应当按照国务院保险监督管理机构的规定妥善保存农业保险查勘定损的原始资料。

禁止任何单位和个人涂改、伪造、隐匿或者违反规定销毁查勘定损的原始资料。

第二十三条 保险费补贴的取得和使用，应当遵守依照本条例第七条制定的具体办法的规定。

禁止以下列方式或者其他任何方式骗取农业保险的保险费补贴：

（一）虚构或者虚增保险标的或者以同一保险标的进行多次投保；

（二）以虚假理赔、虚列费用、虚假退保或者截留、挪用保险金、挪用经营费用等方式冲销投保人应缴的保险费或者财政给予的保险费补贴。

第二十四条 禁止任何单位和个人挪用、截留、侵占保险机构应当赔偿被保险人的保险金。

第二十五条 本条例对农业保险经营规则未作规定的，适用《中华人民共和国保险法》中保险经营规则及监督管理的有关规定。

第四章 法律责任

第二十六条 保险机构不符合本条例第十七条第一款规定条件经营农业保险业务的，由保险监督管理机构责令限期改正，停止接受新业务；逾期不改正或者造成严重后果的，处10万元以上50万元以下的罚款，可以责令停业整顿或者吊销经营保险业务许可证。

保险机构以外的其他组织或者个人非法经营农业保险业务的，由保险监督管理机构予以取缔，没收违法所得，并处违法所得1倍以上5倍以下的罚款；没有违法所得或者违法所得不足20万元的，处20万元以上100万元以下的罚款。

第二十七条 保险机构经营农业保险业务，有下列行为之一的，由保险监督管理机构责令改正，处10万元以上50万元以下的罚款；情节严重的，可以限制其业务范围、责令停止接受新业务：

（一）编制或者提供虚假的报告、报表、文件、资料；

（二）拒绝或者妨碍依法监督检查；

（三）未按照规定使用经批准或者备案的农业保险条款、保险费率。

第二十八条 保险机构经营农业保险业务，违反本条例规定，有下列行为之一的，由保险监督管理机构责令改正，处5万元以上30万元以下的罚款；情节严重的，可以限制其业务范围、责令停止接受新业务：

（一）未按照规定将农业保险业务与其他保险业务分开管理，单独核算损益；

（二）利用开展农业保险业务为其他机构或者个人牟取不正当利益；

（三）未按照规定申请批准农业保险条款、保险费率。

保险机构经营农业保险业务，未按照规定报送农业保险条款、保险费率备案的，由保险监督管理机构责令限期改正；逾期不改正的，处 1 万元以上 10 万元以下的罚款。

第二十九条 保险机构违反本条例规定，保险监督管理机构除依照本条例的规定给予处罚外，对其直接负责的主管人员和其他直接责任人员给予警告，并处 1 万元以上 10 万元以下的罚款；情节严重的，对取得任职资格或者从业资格的人员撤销其相应资格。

第三十条 违反本条例第二十三条规定，骗取保险费补贴的，由财政部门依照《财政违法行为处罚处分条例》的有关规定予以处理；构成犯罪的，依法追究刑事责任。

违反本条例第二十四条规定，挪用、截留、侵占保险金的，由有关部门依法处理；构成犯罪的，依法追究刑事责任。

第三十一条 保险机构违反本条例规定的法律责任，本条例未作规定的，适用《中华人民共和国保险法》的有关规定。

第五章 附 则

第三十二条 保险机构经营有政策支持的涉农保险，参照适用本条例有关规定。

涉农保险是指农业保险以外、为农民在农业生产生活中提供保险保障的保险，包括农房、农机具、渔船等财产保险，涉及农民的生命和身体等方面的短期意外伤害保险。

第三十三条 本条例自 2013 年 3 月 1 日起施行。

资料来源：中华人民共和国中央人民政府网站 http//：www. gov. cn/

附录2　中央财政农业保险保费补贴管理办法

第一章　总　　则

第一条　为加强农业保险保费补贴资金管理，提升农业保险数据信息服务水平，加快农业保险高质量发展，完善农业支持保护制度，助力乡村振兴，服务保障国家粮食安全，根据《中华人民共和国预算法》及其实施条例、《农业保险条例》、《金融企业财务规则》等规定，制定本办法。

第二条　本办法所称中央财政农业保险保费补贴，是指财政部对地方政府引导有关农业保险经营机构（以下简称承保机构）开展的符合条件的农业保险业务，按照保费的一定比例，为投保农户、农业生产经营组织等提供补贴。

本办法所称承保机构，是指保险公司以及依法设立并开展农业保险业务的农业互助保险等保险组织。本办法所称农业生产经营组织，是指农民专业合作社、农业企业以及其他农业生产经营组织。

第三条　农业保险工作遵循政府引导、市场运作、自主自愿、协同推进的原则。农业保险保费补贴工作实行财政支持、分级负责、预算约束、政策协同、绩效导向、惠及农户的原则。

（一）财政支持。财政部门履行牵头主责，从发展方向、制度设计、政策制定、资金保障等方面推进农业保险发展，通过保费补贴、机构遴选等多种政策手段，发挥农业保险机制性工具作用，督促承保机构依法合规展业，充分调动各参与方积极性，推动农业保险高质量发展。

（二）分级负责。财政部根据预算管理相关规定，加强对地方农业保险保费补贴工作的指导和监督。省级财政部门对本地区农业保险保费补贴工作负总责，省以下地方财政部门按照属地原则各负其责。

（三）预算约束。各级财政部门应综合考虑农业发展、财政承受能力等实际情况，适应农业保险业务发展趋势和内在规律，量力而行、尽力而为，合理确定本地区农业保险发展优先顺序，强化预算约束，提高财政预算管理水平。

（四）政策协同。各级财政部门加强与农业农村、保险监管、林草等有关单位以及承保机构的协同，推动农业保险保费补贴政策与其他农村金融和支农惠农政策有机结合，促进形成农业保险健康发展的长效机制。

（五）绩效导向。突出正向激励，构建科学合理的综合绩效评价指标体系，强化绩效目标管理，做好绩效运行监控，开展绩效评价和结果应用。

（六）惠及农户。各级财政部门会同有关方面聚焦服务“三农”，确保农业保险政策精准滴灌，切实提升投保农户政策获得感和满意度。

第二章　补贴政策

第四条　中央财政提供保费补贴的农业保险（以下简称补贴险种）标的为关系国计民生和粮食、生态安全的主要大宗农产品，以及根据党中央、国务院有关文件精神确定的其他农产品；对地方优势特色农产品保险，通过以奖代补政策给予支持。

鼓励各省、自治区、直辖市、计划单列市（以下统称省）结合本地实际和财力状况，对符合农业产业政策、适应当地“三农”发展需求的农业保险给予一定的保费补贴等政策支持。

第五条　中央财政补贴险种的保险标的主要包括：

（一）种植业。稻谷、小麦、玉米、棉花、马铃薯、油料作物、糖料作物、天然橡胶、三大粮食作物（稻谷、小麦、玉米）制种。

（二）养殖业。能繁母猪、育肥猪、奶牛。

（三）森林。公益林、商品林。

（四）涉藏特定品种。青稞、牦牛、藏系羊。

第六条 对中央财政补贴险种的保费，中央财政、省级财政按照保费的一定比例提供补贴，纳入补贴范围的中央单位承担一定比例保费。

省级财政平均补贴比例表示为（25% +a%），以保费规模为权重加权平均计算。

中央单位平均承担比例表示为（10% +b%），以保费规模为权重加权平均计算。中央单位指纳入中央财政农业保险保费补贴范围的新疆生产建设兵团、北大荒农垦集团有限公司、广东农垦集团公司、中国融通资产管理集团有限公司、中国储备粮管理集团有限公司、中国农业发展集团有限公司和大兴安岭林业集团公司。

第七条 对中央财政补贴险种的保费，中央财政承担补贴比例如下：

（一）种植业保险保费。当 a≥0 时，中央财政对中西部地区和东北地区（不含大连市）补贴 45%，对东部地区补贴 35%；当 a<0 时，中央财政对中西部地区和东北地区（不含大连市）补贴（45% +a% ×1.8），对东部地区补贴（35% +a% ×1.4）。当 b≥0 时，中央财政 2022 年对中央单位补贴 65%，2023 年对中央单位补贴 60%，2024 年起对中央单位补贴 55%；当 b<0 时，中央财政 2022 年对中央单位补贴（65% +b% ×6.5），2023 年对中央单位补贴（60% +b% ×6），2024 年起对中央单位补贴（55% +b% ×5.5）。

（二）养殖业保险保费。当 a≥0 时，中央财政对中西部地区补贴 50%，对东部地区补贴 40%；当 a<0 时，中央财政对中西部地区补贴（50% +a% ×2），对东部地区补贴（40% +a% ×1.6）。当 b≥0 时，中央财政 2022 年对中央单位补贴 70%，2023 年对中央单位补贴 65%，2024 年起对中央单位补贴 60%；当 b<0 时，中央财政 2022 年对中央单位补贴（70% +b% ×7），2023 年对中央单位补贴（65% +b% ×6.5），2024 年起对中央单位补贴（60% +b% ×6）。

（三）森林保险保费。当 a≥0 时，中央财政对各省公益林补贴 50%、商品林补贴 30%；当 a<0 时，中央财政对各省公益林补贴（50% +a% ×2）、商品林补贴（30% +a% ×1.2）。当 b≥0 时，中央财政对大兴安岭林

业集团公司公益林补贴70%、商品林补贴50%；当 $b<0$ 时，中央财政对大兴安岭林业集团公司公益林补贴（70% + b% ×7）、商品林补贴（50% + b% ×5）。

（四）涉藏特定品种保险保费。对于青稞、牦牛、藏系羊保险保费，当 $a\geqslant 0$ 时，中央财政补贴40%；当 $a<0$ 时，中央财政补贴（40% + a% ×1.6）。中央单位参照执行。

第八条 对地方优势特色农产品保险，中央财政每年安排一定资金给予奖补支持，结合各省和新疆生产建设兵团农业保险保费补贴综合绩效评价结果和地方优势特色农产品保险保费规模加权分配。

各省和新疆生产建设兵团农业保险保费补贴综合绩效评价结果权重为20%。在综合绩效评价结果整体权重下，按照综合绩效评价得分由高到低的顺序，将各省划分为4档，第一档10个省、第二档10个省、第三档8个省，其余省归为第四档。第一、二、三档分别分配综合绩效评价结果整体奖补资金总额的50%、35%、15%，每一档内各省平均分配；第四档不予分配综合绩效评价结果奖补资金。

上一年度省级财政给予补贴、符合保险原则的地方优势特色农产品保险保费规模权重为80%。

各省和新疆生产建设兵团所获地方优势特色农产品保险奖补资金不得高于该省所获大宗农产品中央财政农业保险保费补贴资金规模。所获大宗农产品中央财政农业保险保费补贴低于1000万元的省，不得享受地方优势特色农产品保险奖补政策。

假设中央财政安排当年地方优势特色农产品保险奖补资金为A，某省上一年度省级财政给予补贴、符合保险原则的地方优势特色农产品保险保费规模在全国占比为θ%，该省综合绩效评价得分属于第n档，该省所获大宗农产品中央财政农业保险保费补贴资金规模为B，则该省当年所获地方优势特色农产品保险奖补资金M可表示为：①当 $n=1$ 时，$M=A\times 80\%\times\theta\%+A\times 20\%\times 50\%\div 10$；②当 $n=2$ 时，$M=A\times 80\%\times\theta\%+A\times 20\%\times 35\%\div 10$；③当 $n=3$ 时，$M=A\times 80\%\times\theta\%+A\times 20\%\times 15\%\div 8$；

④当 $n=4$ 时，$M=A\times80\%\times\theta\%$。以上当且仅当 $M\leqslant B$ 且 $B\geqslant1000$ 万元时成立，否则 M 取零。

省级财政每年可从中央财政安排当地地方优势特色农产品保险奖补资金中提取一定比例的资金，统筹用于完善大灾风险分散机制、加强信息化建设等农业保险相关工作，具体用途由省级财政决定。省级财政每年提取金额不得超过当年中央财政安排当地奖补资金的20%。

第九条　鼓励省级财政部门结合实际，对不同险种、不同区域实施差异化的农业保险保费补贴政策，加大对重要农产品、规模经营主体、产粮大县、脱贫地区及脱贫户的支持力度。

第三章　保险方案

第十条　承保机构应当公平、合理拟订农业保险条款和费率。保险费率应当按照保本微利原则厘定，综合费用率不高于20%。属于财政给予保费补贴险种的保险条款和保险费率，承保机构应当在充分听取各地人民政府财政、农业农村、林草部门和农户代表以及财政部各地监管局（以下简称监管局）意见的基础上拟订。

第十一条　补贴险种的保险责任应当涵盖当地主要的自然灾害、重大病虫鼠害、动物疾病疫病、意外事故、野生动物毁损等风险；有条件的地方可稳步探索将产量、气象等变动作为保险责任。

第十二条　补贴险种的保险金额，主要包括：

（一）种植业保险。原则上为保险标的生长期内所发生的物化成本，包括种子、化肥、农药、灌溉、机耕和地膜等成本。对于13个粮食主产省（含大连市、青岛市）产粮大县的三大粮食作物，保险金额可以覆盖物化成本、土地成本和人工成本等农业生产总成本（完全成本）；如果相应品种的市场价格主要由市场机制形成，保险金额也可以体现农产品价格和产量，覆盖农业种植收入。

（二）养殖业保险。原则上为保险标的的生产成本，可包括部分购买价格或饲养成本，具体由各省根据养殖业发展实际、地方财力状况等因素综合确定保险金额。

（三）森林保险。原则上为林木损失后的再植成本，包括灾害木清理、整地、种苗处理与施肥、挖坑、栽植、抚育管理到树木成活所需的一次性总费用。

鼓励各省和承保机构根据本地农户的支付能力，适当调整保险金额。对于超出上述标准的部分，应当通过适当方式予以明确，由此产生的保费，有条件的地方可以结合实际，提供一定的补贴，或由投保人承担。

农业生产总成本、单产和价格（地头价）数据，以相关部门认可的数据或发展改革委最新发布的《全国农产品成本收益资料汇编》为准。

第十三条 各省财政部门应当会同有关部门，指导承保机构逐步建立当地农业保险费率调整机制，合理确定费率水平。中国农业再保险股份有限公司（以下简称中国农再）应当适时发布农业保险风险区划和风险费率参考。

第十四条 承保机构应当合理设置补贴险种赔付标准，维护投保农户合法权益。补贴险种不得设置绝对免赔，科学合理设置相对免赔，省级财政部门负责监督。

第十五条 补贴险种的保险条款应当通俗易懂、表述清晰，保单上应当明确载明农业保险标的位置和农户、农业生产经营组织、地方财政、中央财政等各方承担的保费比例及金额。

第四章　预算管理

第十六条 农业保险保费补贴资金实行专项管理、分账核算。财政部承担的保费补贴资金，列入年度中央预算。省级财政部门承担的保费补贴资金，由省级财政预算安排，省级以下财政部门承担的保费补贴资金，由省级财政部门负责监督落实，并向财政部报送《农业保险保费补贴资金到位承诺函》。中央单位向财政部报送《农业保险保费承担资金到位承诺函》。

第十七条 农业保险保费补贴资金实行专款专用、据实结算。各地保费补贴资金当年出现结余的，抵减下年度预算；如下年度不再为补贴地区，中央财政结余部分全额返还财政部。

第十八条 省级财政部门及有关中央单位应于每年3月31日前，编制当年保费补贴资金申请报告，报财政部，并抄送对口监管局。同时，对上年度中央财政农业保险保费补贴资金进行结算，编制结算报告（含用于申报奖补资金的地方优势特色农产品保险保费规模），送对口监管局审核，并抄送财政部。中央单位不同省的业务由业务所在地监管局审核。当年资金申请和上年度资金结算报告需分别报送，报告内容主要包括：

（一）保险方案。包括补贴险种的承保机构、经营模式、保险品种、保险费率、保险金额、保险责任、补贴区域、投保面积、单位保费、总保费等相关内容。

（二）补贴方案。包括农户自缴保费比例及金额、各级财政补贴或中央单位承担的比例及金额、资金拨付与结算等相关情况。

（三）保障措施。包括工作计划、组织领导、监督管理、承保、查勘、定损、理赔、防灾防损等相关措施。

（四）生产成本收益数据。包括相关部门认可的农业生产成本收益数据等相关内容。非完全成本保险或种植收入保险品种，保险金额超过物化成本的，应当进行说明，并测算地方各级财政应承担的补贴金额。

（五）相关表格。省级财政部门及有关中央单位应填报上年度中央财政农业保险保费补贴资金结算表，当年中央财政农业保险保费补贴资金测算表；监管局对上年度资金结算情况进行审核后，填报中央财政农业保险保费补贴资金监管局确认结算表。

（六）其他材料。财政部要求、地方财政部门和监管局认为应当报送或有必要进行说明的材料。

（七）地方优势特色农产品保险数据。各省和新疆生产建设兵团应填报上一年度省级财政给予补贴、符合保险原则的地方优势特色农产品保险情况表；监管局对上年度地方优势特色农产品保险情况进行审核后，填报地方优势特色农产品保险情况监管局确认表。

第十九条 承保机构应加强对承保标的的核验，对承保理赔数据的真实性负责。地方财政部门及有关中央单位对报送材料的真实性负责，在此基础上监管局履行审核职责。监管局重点审核但不限于上年度中央财政补贴资金是否按规定用途使用、承保机构是否按照本办法规定报送保单级数据、市县各级财政保费补贴是否到位、承保机构是否收取农户保费以及承保理赔公示等情况。监管局可根据各地实际情况以及国家有关政策规定，适当扩大审核范围。

原则上，监管局应当在收到结算材料后 1 个月内，出具审核意见报财政部，并抄送相关财政部门或中央单位。省级财政部门及有关中央单位应当在收到监管局审核意见后 10 日内，根据审核意见向财政部报送补贴资金结算材料（含用于申报奖补资金的地方优势特色农产品保险保费规模），并附监管局审核意见。

第二十条 省级财政部门和新疆生产建设兵团财政局根据实际情况，对照农业保险保费补贴综合绩效评价指标进行自评，形成上年度农业保险保费补贴综合绩效评价报告，并提供必要的佐证材料。省级财政部门和新疆生产建设兵团财政局对报送材料和数据的真实性负责，自评材料于每年 4 月 15 日前报送财政部，抄送对口监管局。监管局对省级财政部门和新疆生产建设兵团财政局的自评材料进行复核，于每年 5 月 15 日前将复核结果报送财政部。财政部结合日常工作掌握、客观数据、监管局复核结果等情况，组织对省级财政部门和新疆生产建设兵团财政局上报的自评材料进行复评，形成最终考核结果。综合绩效评价报告内容主要包括：

（一）各项综合绩效评价指标完成情况。对照各项三级绩效指标的指标释义和评价标准，逐项填写全年实际完成情况并计算分值。

（二）未完成绩效指标的原因和改进措施。对未完成绩效指标的原因逐条进行分析，书面作出说明并提出改进措施。

（三）相关表格。省级财政部门和新疆生产建设兵团财政局应填报农业保险保费补贴综合绩效评价表；监管局审核后，填报农业保险保费补贴综合绩效监管局确认表。

（四）其他材料。财政部要求、地方财政部门和监管局认为应当报送或有必要进行说明的材料。

第二十一条 省级财政部门及有关中央单位应加强和完善预算编制工作，根据补贴险种的投保面积、投保数量、保险金额、保险费率和保费补贴比例等情况，填报中央财政农业保险保费补贴资金测算表，测算下一年度各级财政应当承担的保费补贴资金并编制报告，于每年 8 月 20 日前上报财政部，并抄送对口监管局。

第二十二条 对未按上述规定时间报送补贴资金申请材料的地区，财政部和监管局不予受理，视同该年度该地区（单位）不申请中央财政农业保险保费补贴。

第二十三条 对于省级财政部门和中央单位报送的保费补贴预算申请，符合本办法规定条件的，财政部给予保费补贴支持。

第二十四条 财政部在收到省级财政部门按照本办法规定报送的材料以及监管局审核意见后，结合预算安排和已预拨保费补贴资金等情况，清算上年度并拨付当年剩余保费补贴资金。有关中央单位的保费补贴资金，按照相关预算管理规定执行。

地方各级财政部门在向承保机构拨付保费补贴资金时，应当要求承保机构提供保费补贴资金对应业务的保单级数据。保单级数据至少保存 10 年，由省级财政部门确定保单级数据的留存主体。相关保单级数据要做到可核验、可追溯、可追责。

对以前年度中央财政补贴资金结余较多的地区，省级财政部门及有关中央单位应当进行说明。对连续两年结余资金较多且无特殊原因的省及中央单位，财政部将根据预算管理相关规定，结合当年中央财政收支状况、地方或中央单位实际执行情况等，收回中央财政补贴结余资金，并酌情扣减当年预拨资金。

第二十五条 地方财政部门应当根据农业保险承保进度及签单情况，及时向承保机构拨付保费补贴资金，不得拖欠。具体资金拨付方式由省级财政部门自主决定。原则上，财政部门在收到承保机构的保费补贴资金申请后，要在一个季度内完成审核和资金拨付工作，超过一个季度仍未拨付的，相关财政部门应向省级财政部门书面说明。省级财政部门在申请中央财政保费补贴时，要将相关说明一并报财政部。有关中央单位参照执行。

第二十六条 承保机构在与中国农再进行数据交换时，应当将收取农户保费情况及已向财政部门提交资金申请的各级财政补贴到位情况一并交换。中国农再收到各地拖欠保费补贴资金情况后，应当向财政部报告。

对拖欠承保机构保费补贴较为严重的地区，财政部将通过适当方式公开通报，下达督办函进行督办。整改不力的，财政部将按规定收回中央财政补贴，取消该地区农业保险保费补贴资格，并依法依规追究相关人员责任。

第二十七条 省级财政部门应掌握保费补贴资金的实际使用情况，及时安排资金支付保费补贴。对中央财政应承担的保费补贴资金缺口，省级财政部门及有关中央单位可在次年向财政部报送资金结算申请时一并提出。

第二十八条 保费补贴拨付按照预算管理体制和国库集中支付制度有关规定执行。

第五章 机构管理

第二十九条 财政部依托中国农再建设全国农业保险数据信息系统（以下简称信息系统）。承保机构应当将农业保险核心业务系统与中国农再对接，及时、完整、准确报送农业保险数据信息。

信息系统与各省财政部门、监管局共享，适时扩大至有关方面和市县财政部门。信息系统属地数据真实性由当地财政部门负责监督。监管局可依托信息系统审核农业保险相关数据。中国农再可接受省级财政部门委托，根据省级财政部门需要，拓展信息系统功能。

第三十条 信息系统应当要求承保机构填报以下信息，承保机构应当按要求进行填报：

（一）农业保险保单级数据；

（二）农户保费缴纳情况；

（三）各级财政保费补贴到位情况；

（四）保险标的所属村级代码；

（五）财政部门要求填报的其他情况。

第三十一条 中国农再应当于每年3月10日前对承保机构年度数据报送质量进行评价，并将评价结果反馈财政部和对应省级财政部门。评价结果用于但不限于农业保险保费补贴综合绩效评价。

中国农再应当对承保机构传送的数据，与土地确权、生猪生产等数据进行技术核实，并将核实结果报财政部并反馈省级财政部门，抄送对口监管局。

第三十二条 省级财政部门和相关中央单位应当根据有关规定，建立健全补贴险种承保机构遴选、考核等相关制度，按照公平、公正、公开和优胜劣汰的原则，公开遴选承保机构，提高保险服务水平与质量。

补贴险种承保机构应当满足财政部关于政策性农业保险承保机构遴选管理工作的有关要求。

第三十三条 承保机构要履行社会责任，把社会效益放在首位，兼顾经济效益，不断提高农业保险服务水平与质量：

（一）服务“三农”全局，统筹社会效益与经济效益，积极稳妥做好农业保险工作；

（二）加强农业保险产品与服务创新，合理拟定保险方案，改善承保工作，满足日益增长的“三农”保险需求；

（三）发挥网络、人才、管理、服务等专业优势，迅速及时做好灾后查勘、定损、理赔工作；

（四）加强宣传公示，促进农户了解保费补贴政策、保险条款及工作进展等情况；

（五）强化风险管控，预防为主、防赔结合，协助做好防灾防损工作，通过再保险等有效方式分散风险；

（六）其他惠及农户的相关工作。

第三十四条 承保机构应当按照财政部有关规定，及时、足额计提农业保险大灾风险准备金，逐年滚存，逐步建立应对农业大灾风险的长效机制。

第三十五条 承保机构应当于每年5月31日前将上一年度农业保险大灾风险准备金提取、使用情况报告同级财政部门，省级财政部门汇总后于6月30日前报财政部。

第三十六条 地方财政部门或承保机构不得引入保险中介机构为农户与承保机构办理中央财政补贴险种合同签订等有关事宜。中央财政补贴险种的保费或保费补贴，不得用于向保险中介机构支付手续费或佣金。

第六章 保障措施

第三十七条 各省应当结合本地财政状况、农户承受能力等情况，制定保费补贴方案。

鼓励各省和承保机构采取有效措施，加强防灾减损工作，防范逆向选择与道德风险。鼓励各省根据有关规定，对承保机构的展业、承保、查勘、定损、理赔、防灾防损等农业保险工作给予支持。

第三十八条 各省和承保机构应当因地制宜确定具体投保模式，坚持尊重农户意愿与提高组织程度相结合，积极发挥农业生产经营组织、乡镇农林财工作机构、村民委员会等组织服务功能，采取多种形式组织农户投保。

承保机构一般应当以单一投保人（农户）为单位出具保险单或保险凭证，保险单或保险凭证应发放到户。由农业生产经营组织、乡镇农林财工作机构、村民委员会等单位组织农户投保的，承保机构可以以村为单位出具保险单，制订投保清单，详细列明投保农户的投保信息，并由投保农户或其授权的直系亲属签字确认。

第三十九条 允许设立补贴险种协保员，协助承保机构开展承保、理赔等工作。每村结合实际需要可以设协保员一名，由承保机构和村民委员会协商确定，并在本村公示。

承保机构应当与协保员签订书面合同，约定双方权利义务。承保机构可以向协保员支付一定费用，具体标准由双方协商确定，但原则上不得超过当地公益性岗位的平均报酬。

承保机构应当加强对协保员的业务培训，对协保员的协办行为负责。

乡镇及以上农业保险协办业务由县级及以上财政部门另行规定。

第四十条 各省和承保机构应当结合实际，研究制定查勘定损工作标准，对定损办法、理赔起点、定损流程、赔偿处理等具体问题予以规范，切实维护投保农户合法权益。

第四十一条 承保机构应当在与被保险人达成赔偿协议后10日内，将应赔偿的保险金支付给被保险人。农业保险合同对赔偿保险金期限有约定的，承保机构应当按照约定履行赔偿保险金义务。

承保机构原则上应当通过财政补贴“一卡通”、银行转账等非现金方式，直接将保险赔款支付给投保农户。如果投保农户没有财政补贴“一卡通”和银行账户，承保机构应当采取适当方式确保将赔偿保险金直接赔付到户。

第四十二条 承保机构在确认收到农户、农业生产经营组织自缴保费后方可出具保险单。承保机构应当按规定在村（组）显著位置或企业公示栏，或通过互联网等方式，将惠农政策、承保情况、理赔结果、服务标准和监管要求进行公示，做到公开透明。

第七章 绩效管理和监督检查

第四十三条 省级财政部门应当按照全面实施预算绩效管理有关规定，科学设置绩效目标，开展绩效运行监控，建立和完善农业保险保费补贴绩效评价制度，并将其与完善农业保险政策、遴选承保机构等工作有机结合。

省级财政部门应于每年5月31日前，填报中央财政下达农业保险保费补贴预算时所附区域绩效自评表，将上年度农业保险保费补贴区域绩效自评结果报财政部，抄送对口监管局。

第四十四条 财政部将适时对农业保险保费补贴工作进行监督检查，对农业保险保费补贴资金使用情况和效果进行评价。

地方各级财政部门应当建立健全农业保险保费补贴资金执行情况动态监控机制，定期或不定期自查本地区农业保险保费补贴工作，监管局应当定期或不定期抽查，有关情况及时报告财政部。

第四十五条 禁止以下列方式骗取农业保险保费补贴：

（一）虚构或者虚增保险标的，或者以同一保险标的进=行多次投保；

（二）通过虚假理赔、虚列费用、虚假退保、截留或者代领或者挪用赔款、挪用经营费用等方式，冲销投保农户缴纳保费或者财政补贴资金；

（三）其他骗取农业保险保费补贴资金的方式。

第四十六条 对于地方财政部门、中央单位、承保机构以任何方式骗取保费补贴资金的，财政部及监管局将责令其改正并追回相应保费补贴资金，视情暂停其中央财政农业保险保费补贴资格，监管局可向财政部提出暂停补贴资金的建议；情节严重的，依法依规予以处罚。

在地方优势特色农产品保险奖补资金申请中，经财政部审核，存在将不符合要求的地方优势特色农产品保险品种纳入申报范围且保费规模达到或超过1000万元的省，暂停该省当年参与地方优势特色农产品保险奖补政策资格。

各级财政部门、监管局及其工作人员在农业保险保费补贴资金管理工作中，存在违反本办法规定以及其他滥用职权、玩忽职守、徇私舞弊等违法违规行为的，依法追究相应责任；涉嫌犯罪的，依法移送有关机关处理。

第八章 附 则

第四十七条 各省和承保机构应当根据本办法规定，在收到本办法6个月内制定和完善相关实施细则。省级财政部门应当在实施细则中明确相关部门、单位和承保机构在农业保险数据真实性和承保标的核验、理赔结果确认、保费补贴资金申请审核等环节中的职责，报送财政部，抄送对口监管局。

中央财政农业保险保费补贴政策实施期暂定5年，政策到期后，财政部将根据相关法律、行政法规和党中央、国务院有关要求，结合农业保险发展需要进行评估，根据评估结果作出调整。

第四十八条 对未纳入中央财政农业保险保费补贴和地方优势特色农产品保险奖补政策支持范围，但享有地方财政资金支持的农业保险业务，参照本办法执行。

第四十九条 本办法自2022年1月1日起施行。《财政部关于加大对产粮大县三大粮食作物农业保险支持力度的通知》（财金〔2015〕184号）、《财政部关于印发〈中央财政农业保险保险费补贴管理办法〉的通知》（财金〔2016〕123号）、《财政部关于修订〈中央财政农业保险保险费补贴管理办法〉的通知》（财金〔2019〕36号）、《财政部关于开展中央财政对地方优势特色农产品保险奖补试点的通知》（财金〔2019〕55号）、《财政部关于扩大中央财政对地方优势特色农产品保险以奖代补试点范围的通知》（财金〔2020〕54号）同时废止，其他有关规定与本办法不符的，以本办法为准。

资料来源：中华人民共和国财政部 http：//www. mof. gov. cn/